100 Mandala da colorare
disegnati a mano

100 Mandalas
Hand-drawn Coloring Book

A Fabio,

*che mi regala ogni giorno cento colori
per dipingere l'Anima*

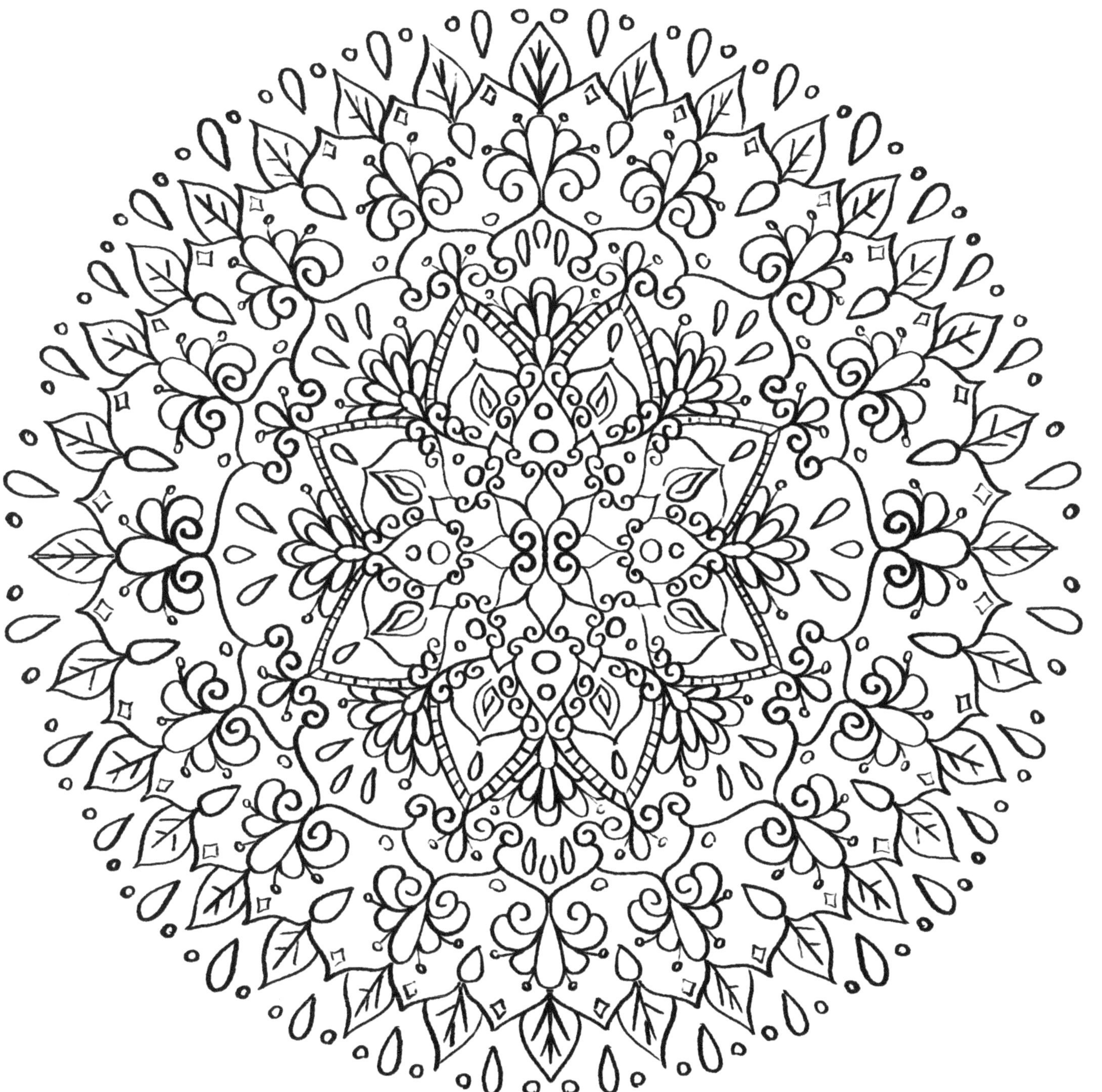

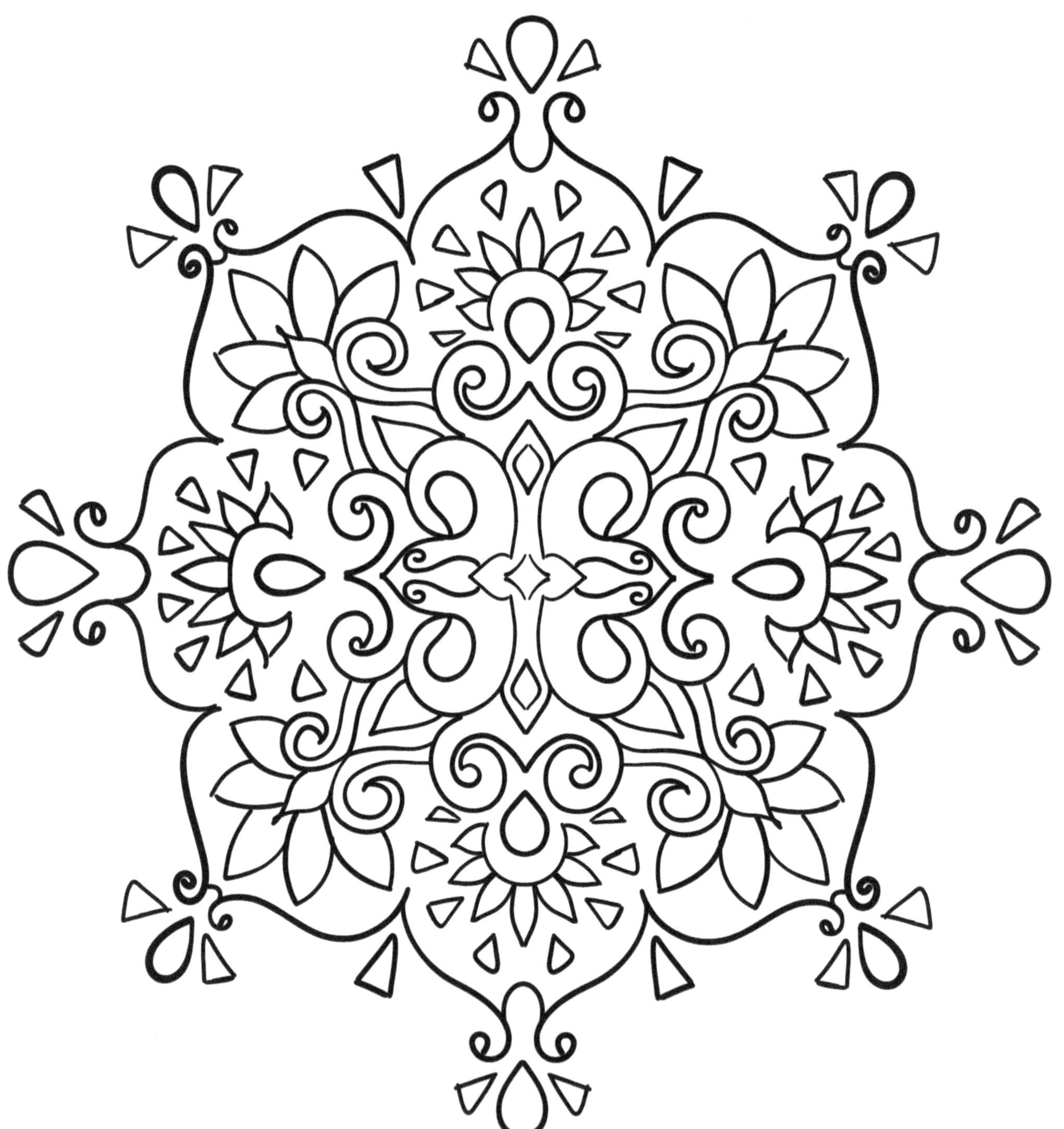

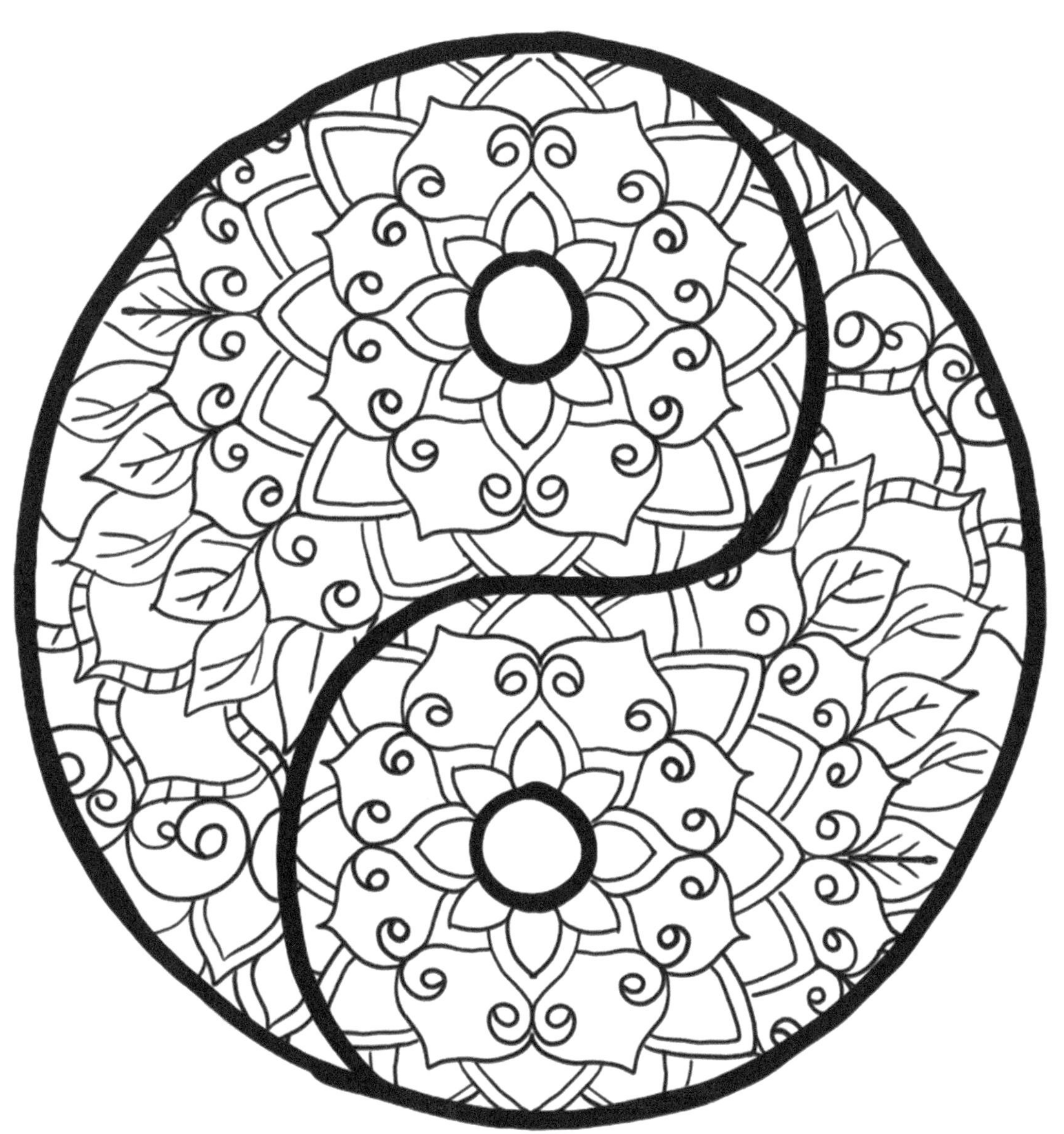

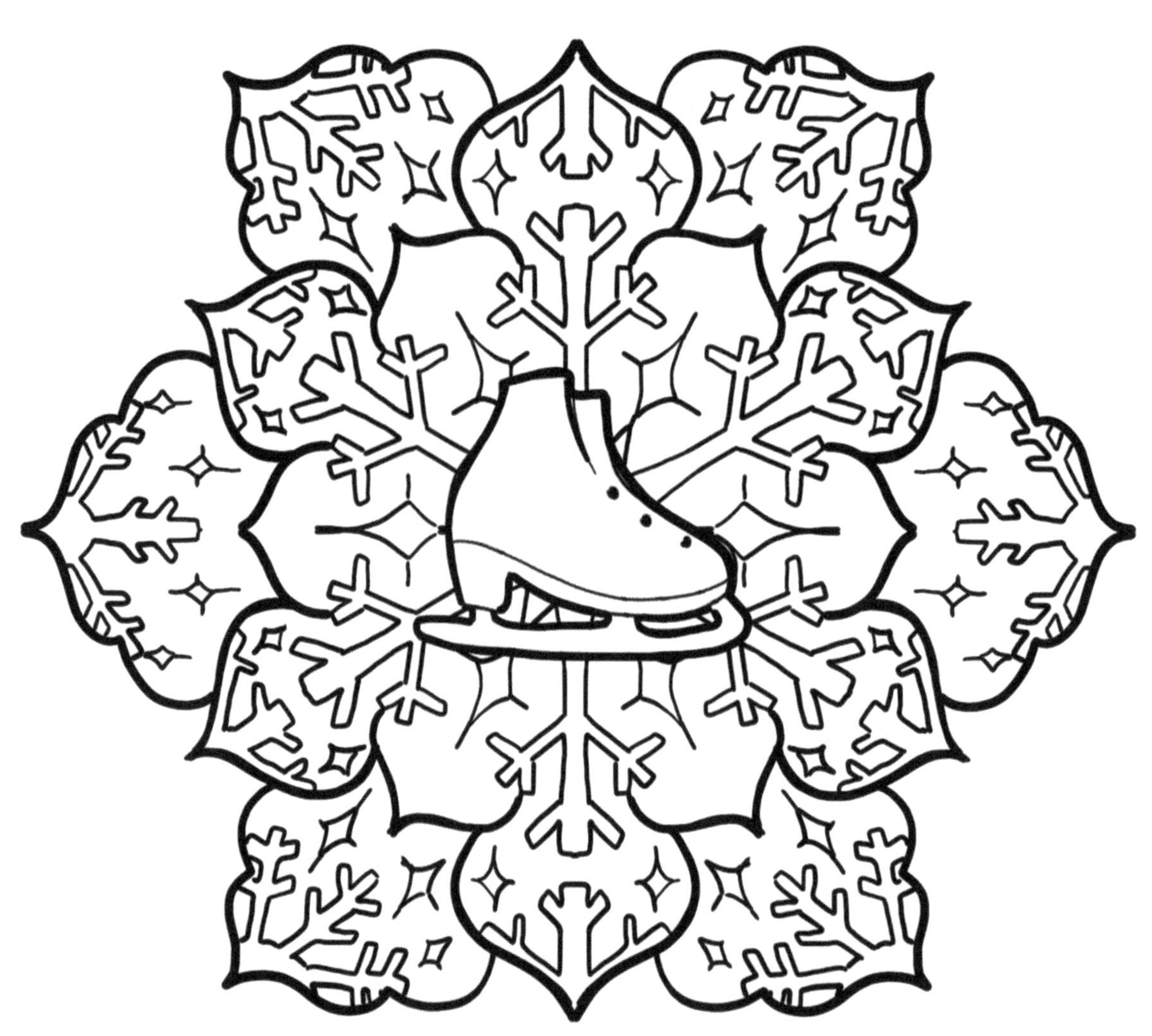

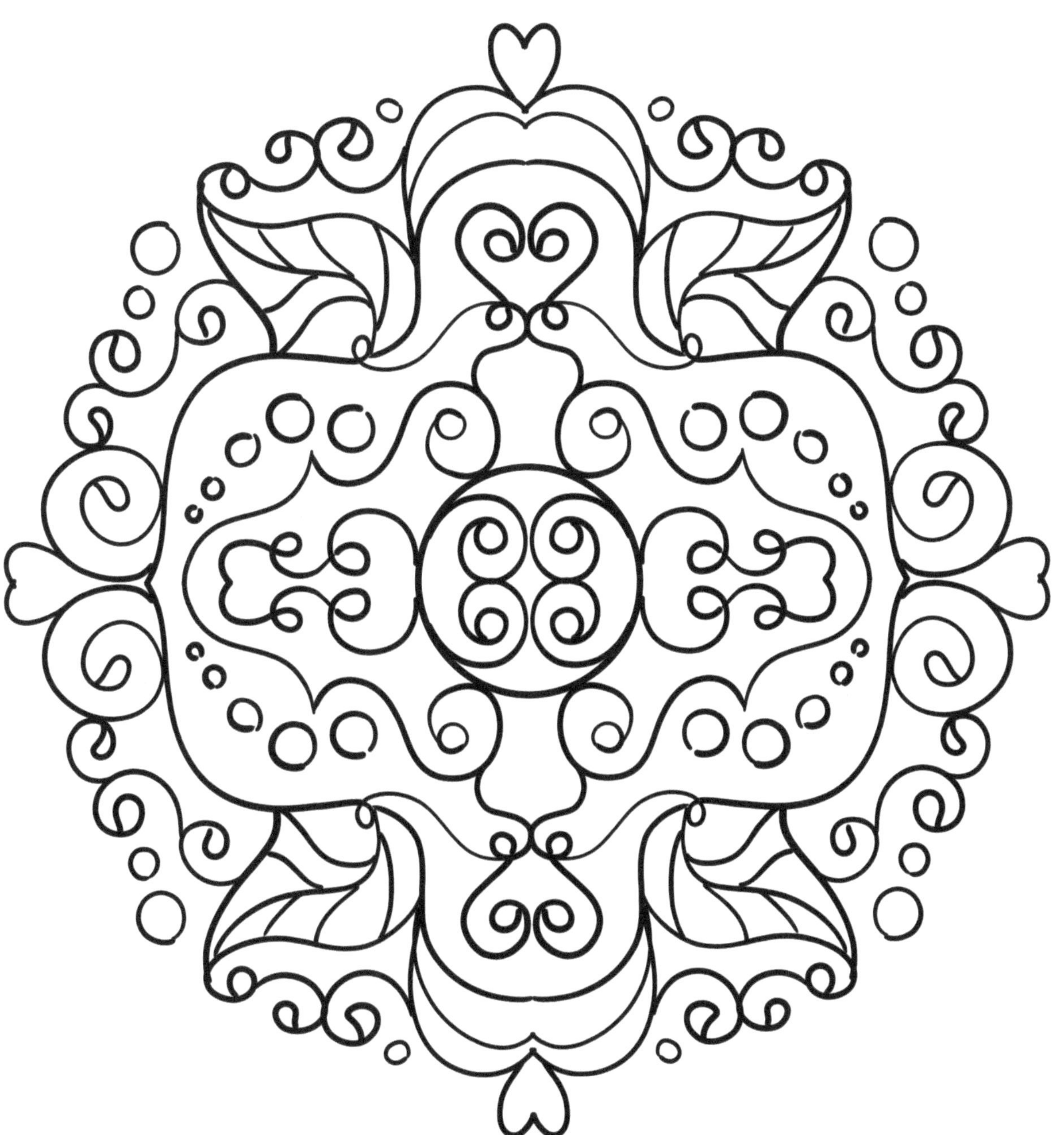

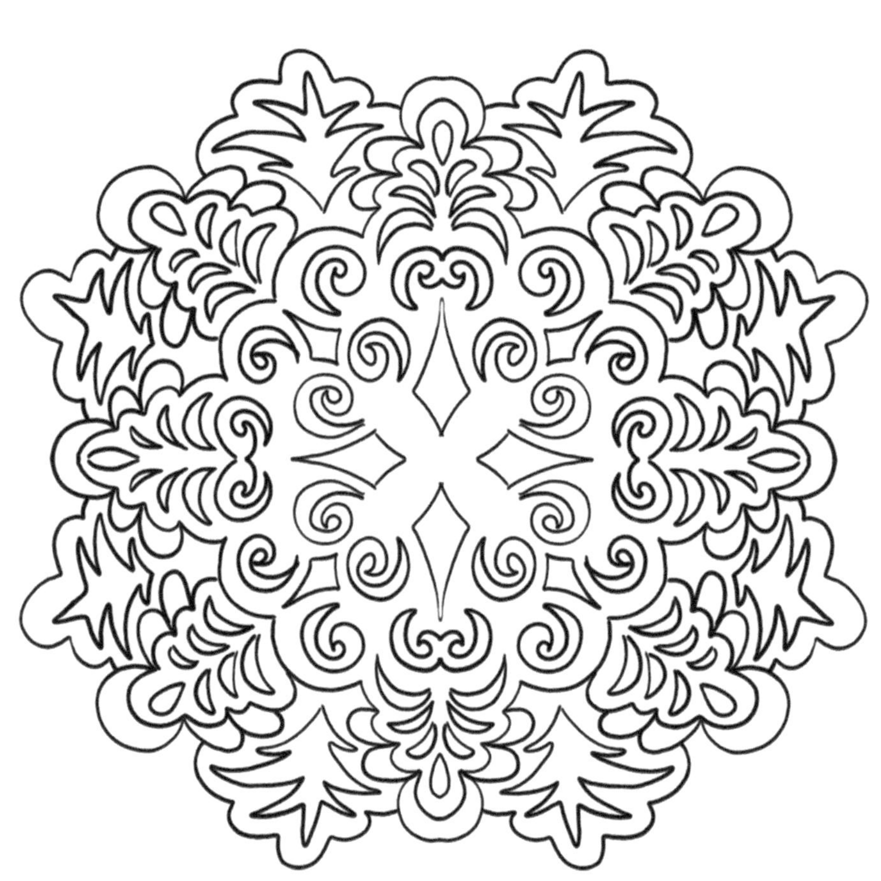

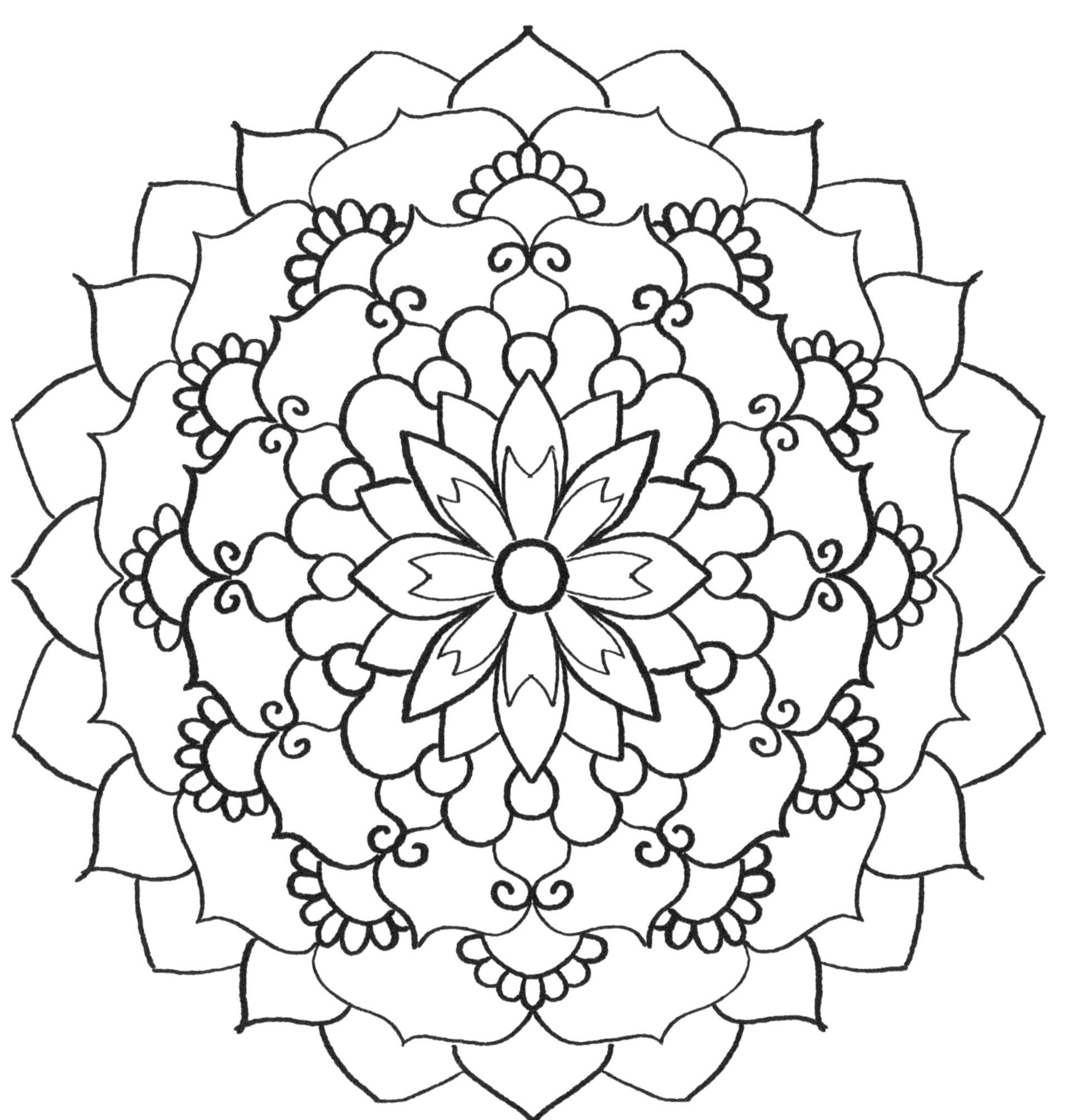

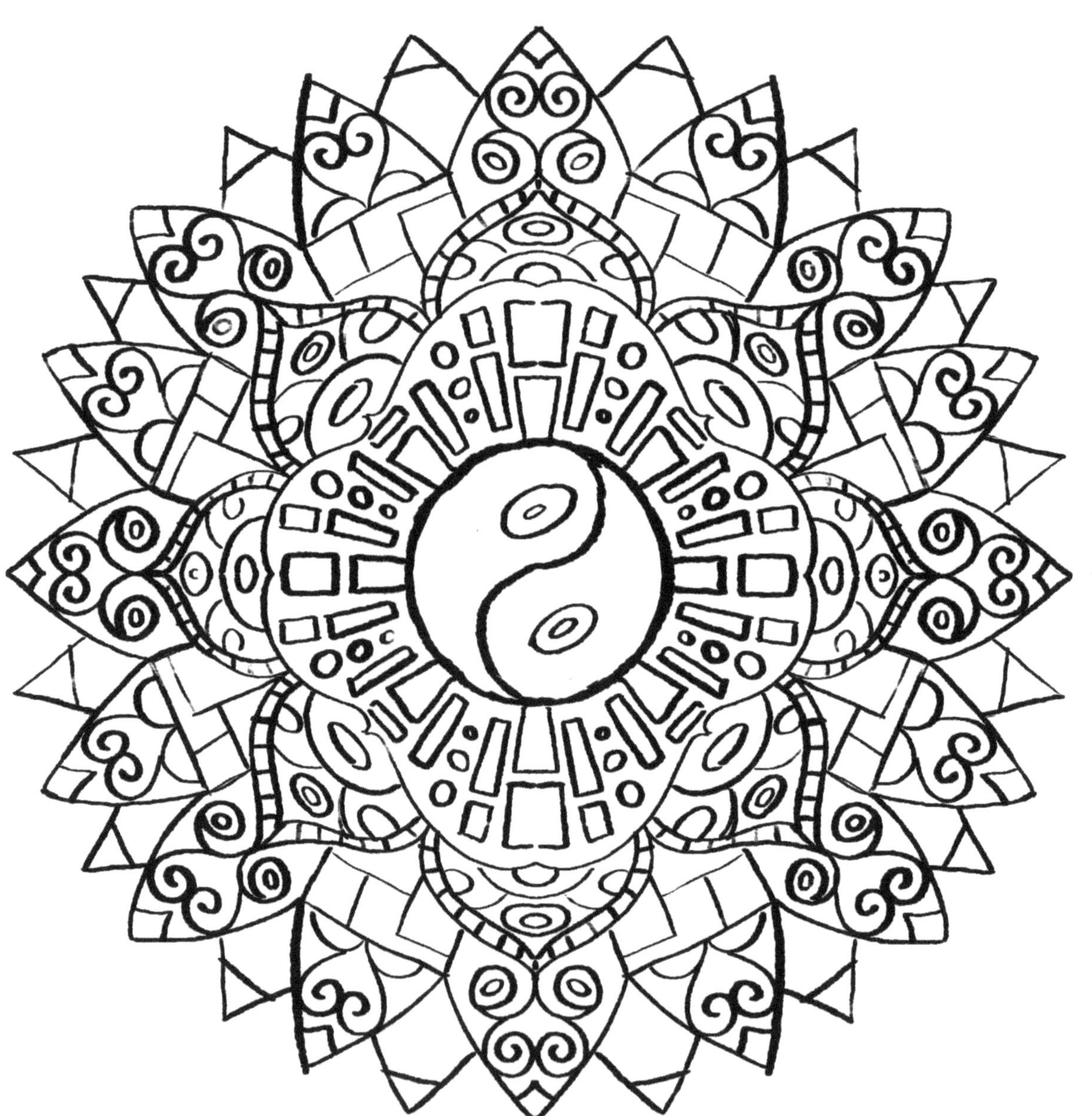

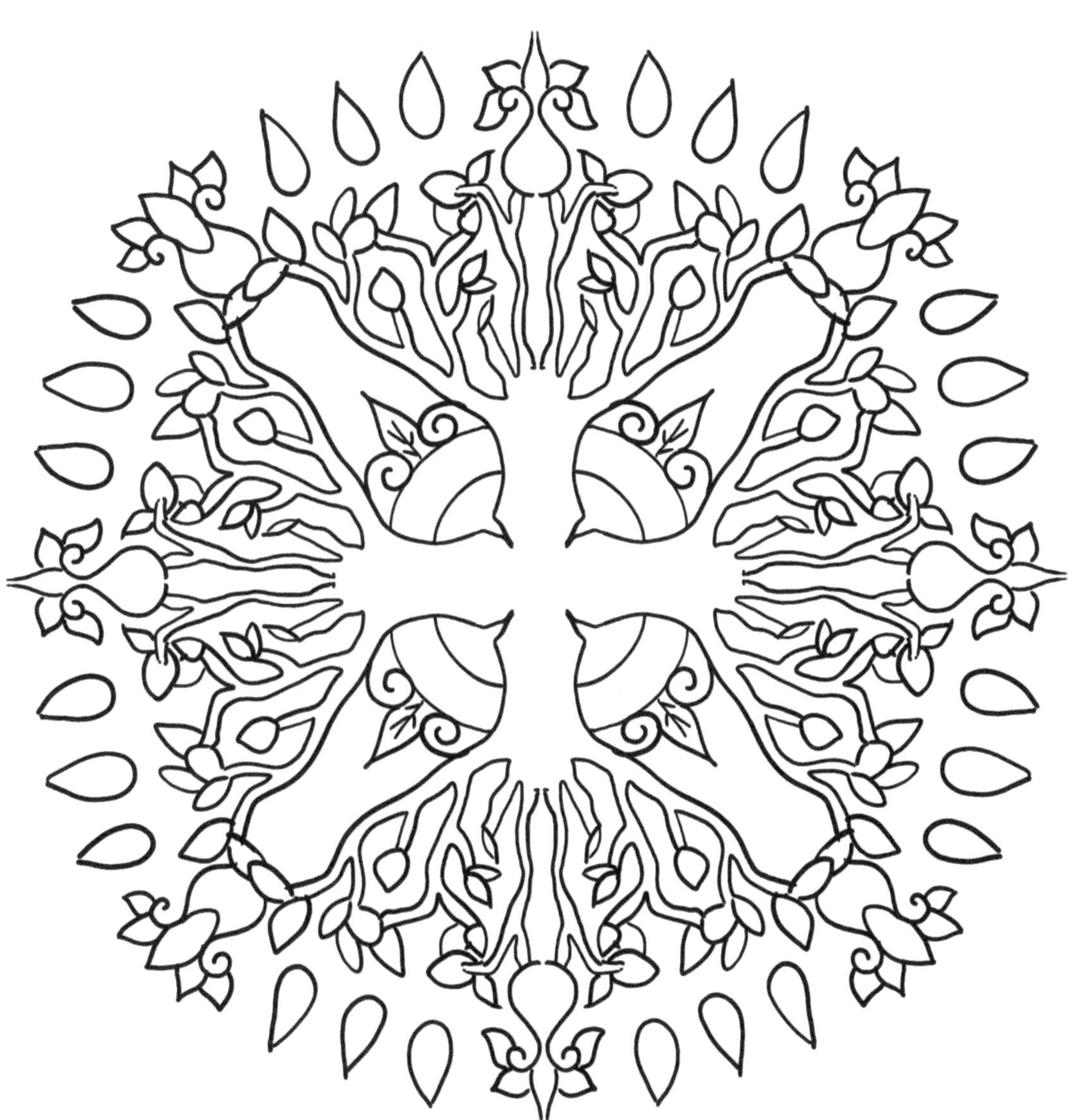

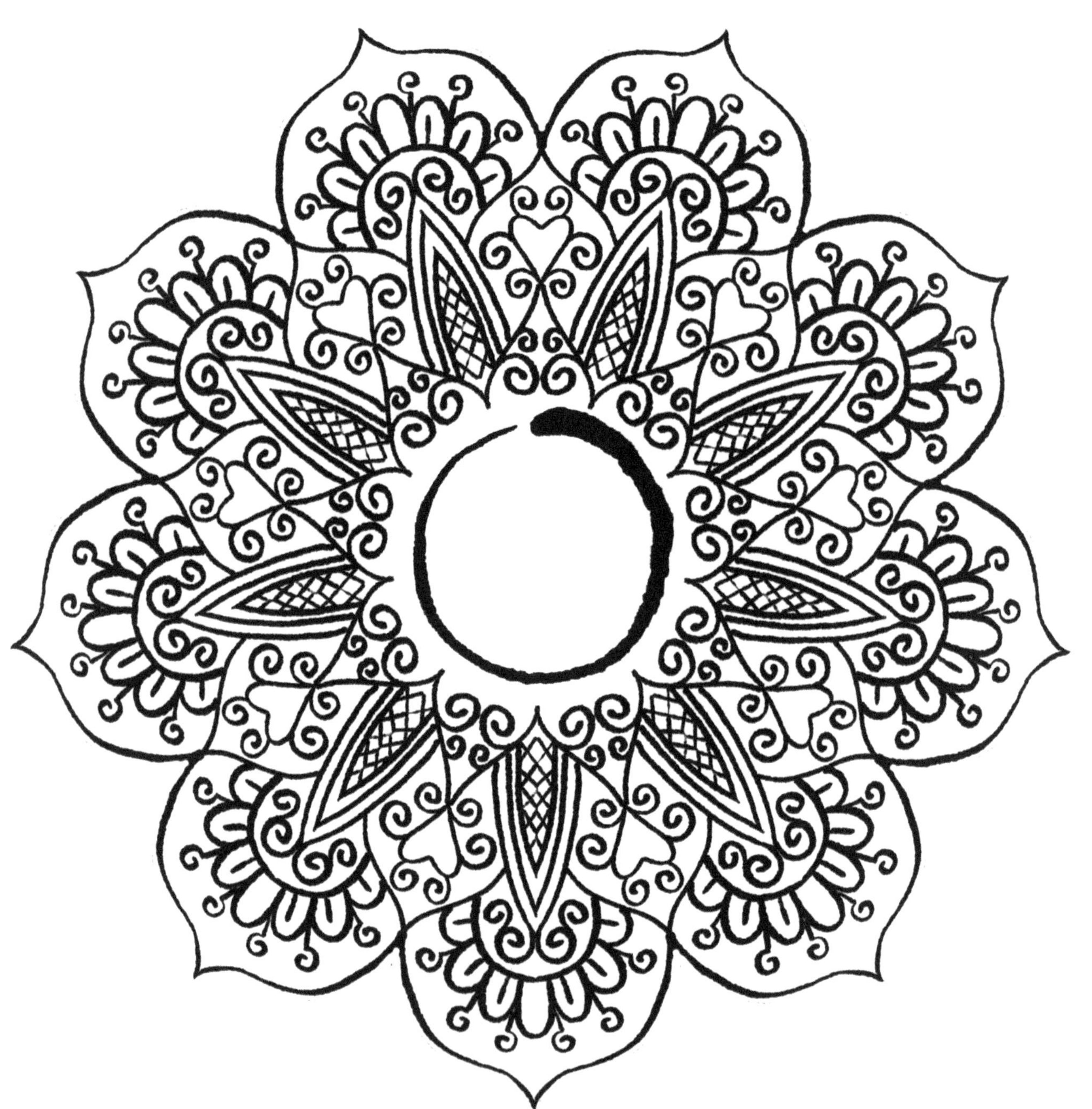

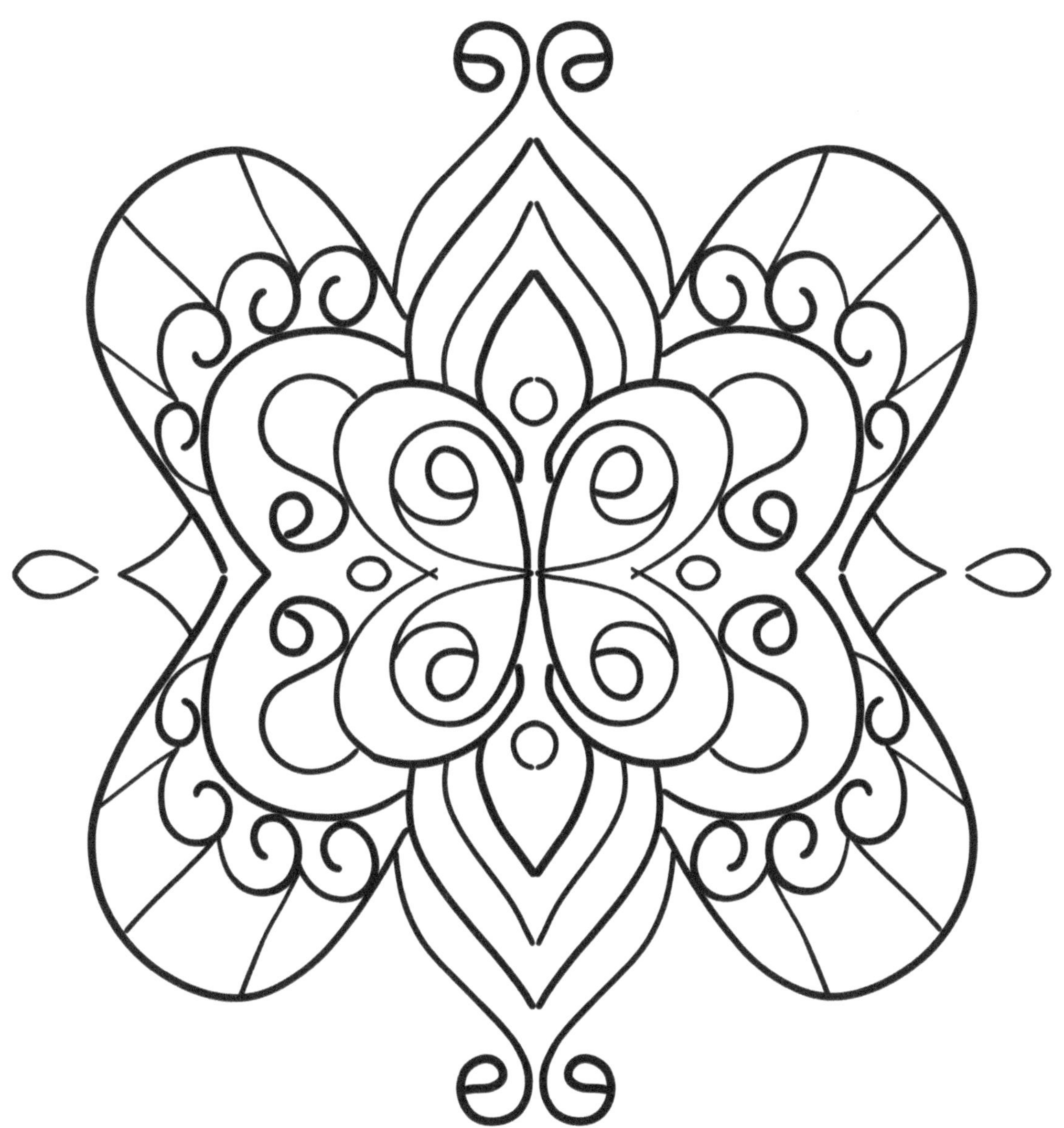

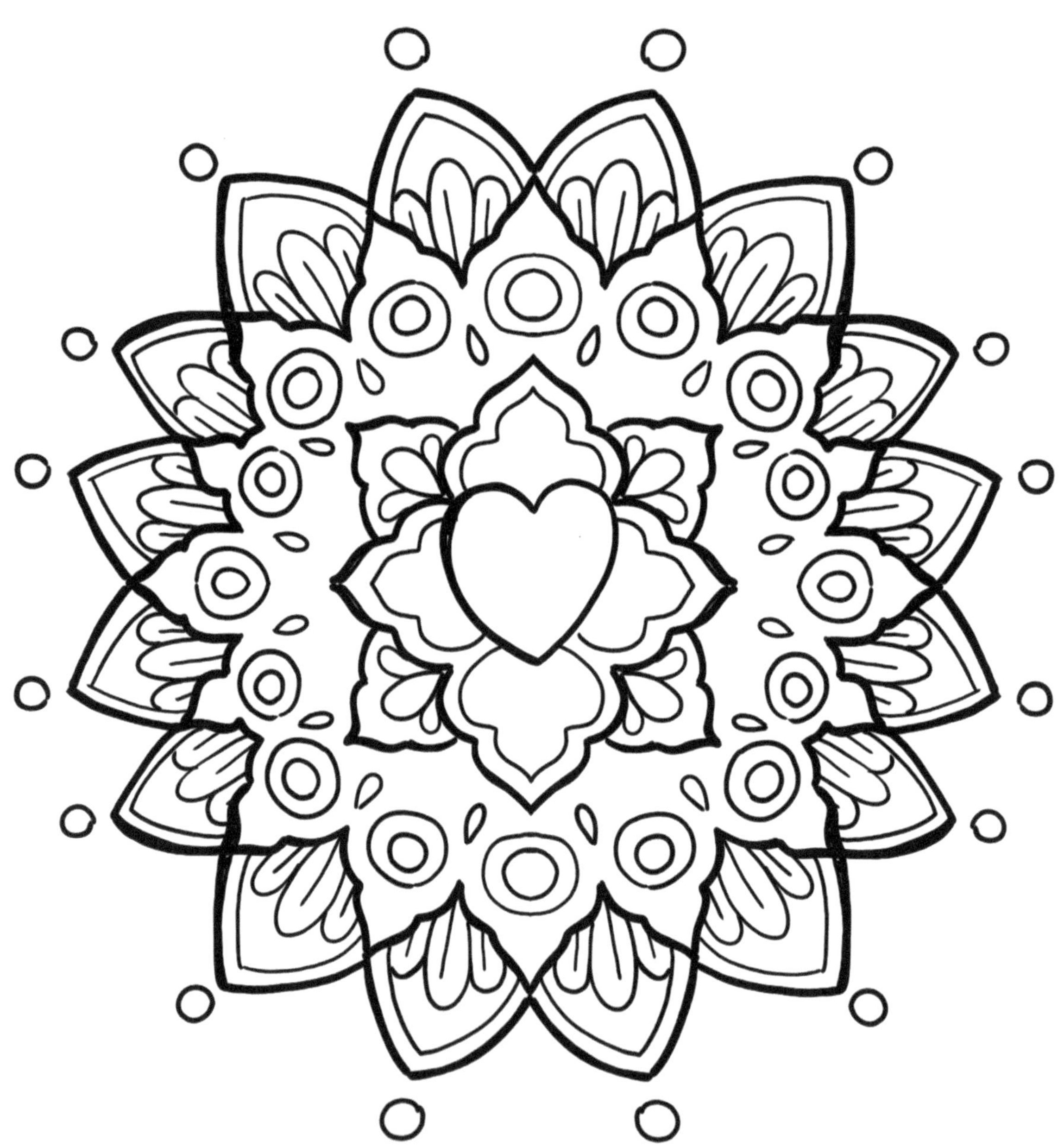

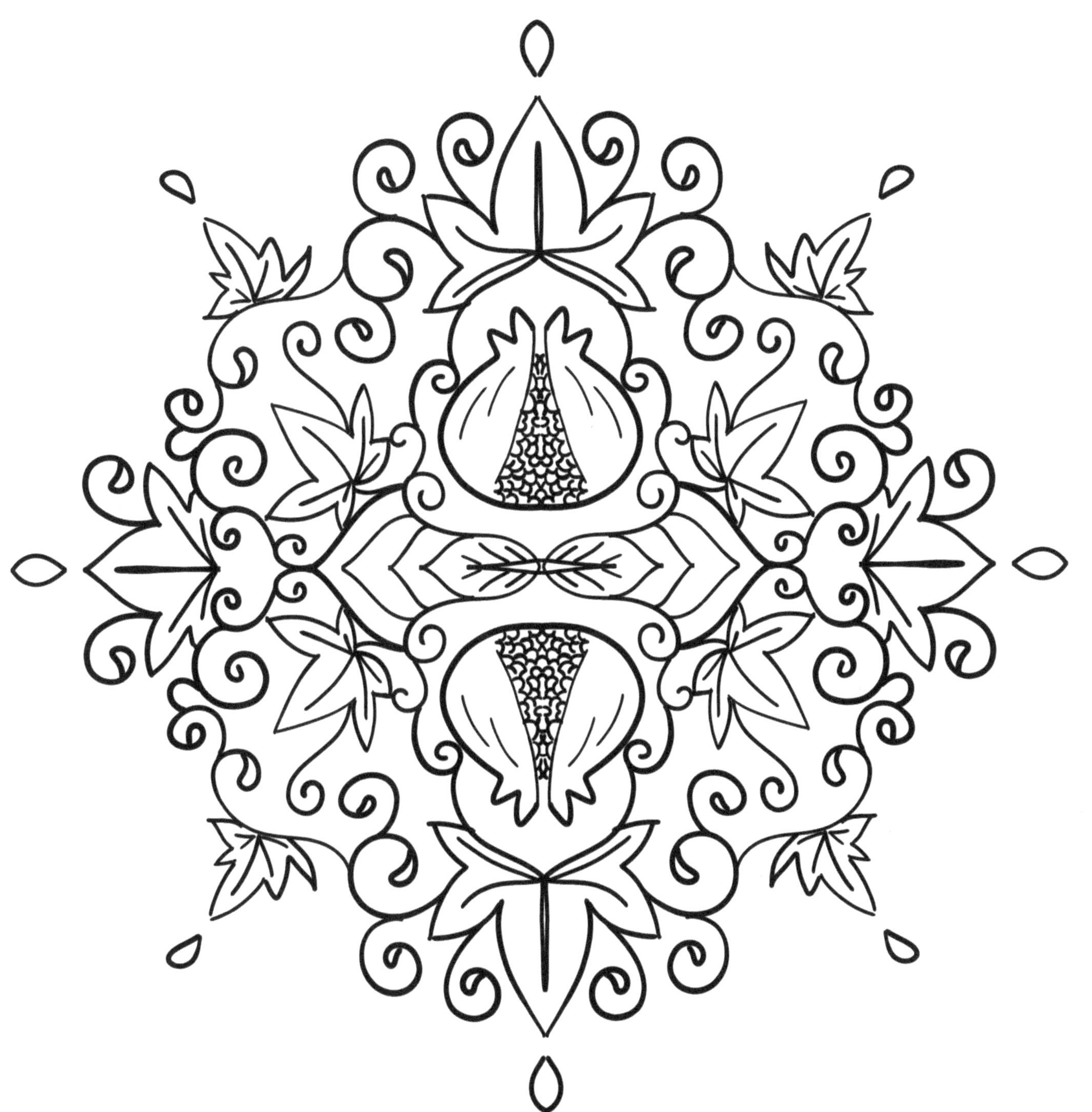

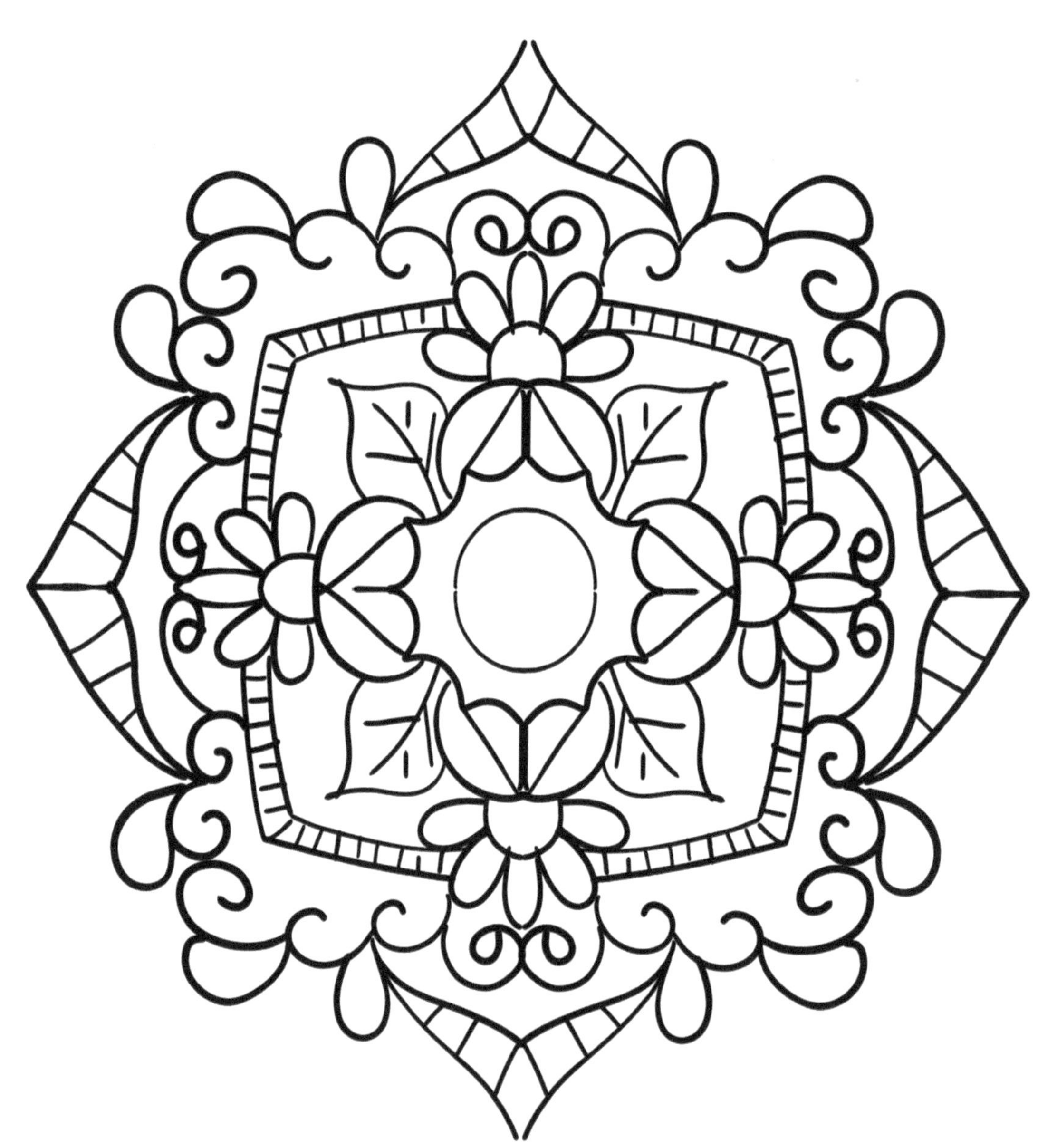

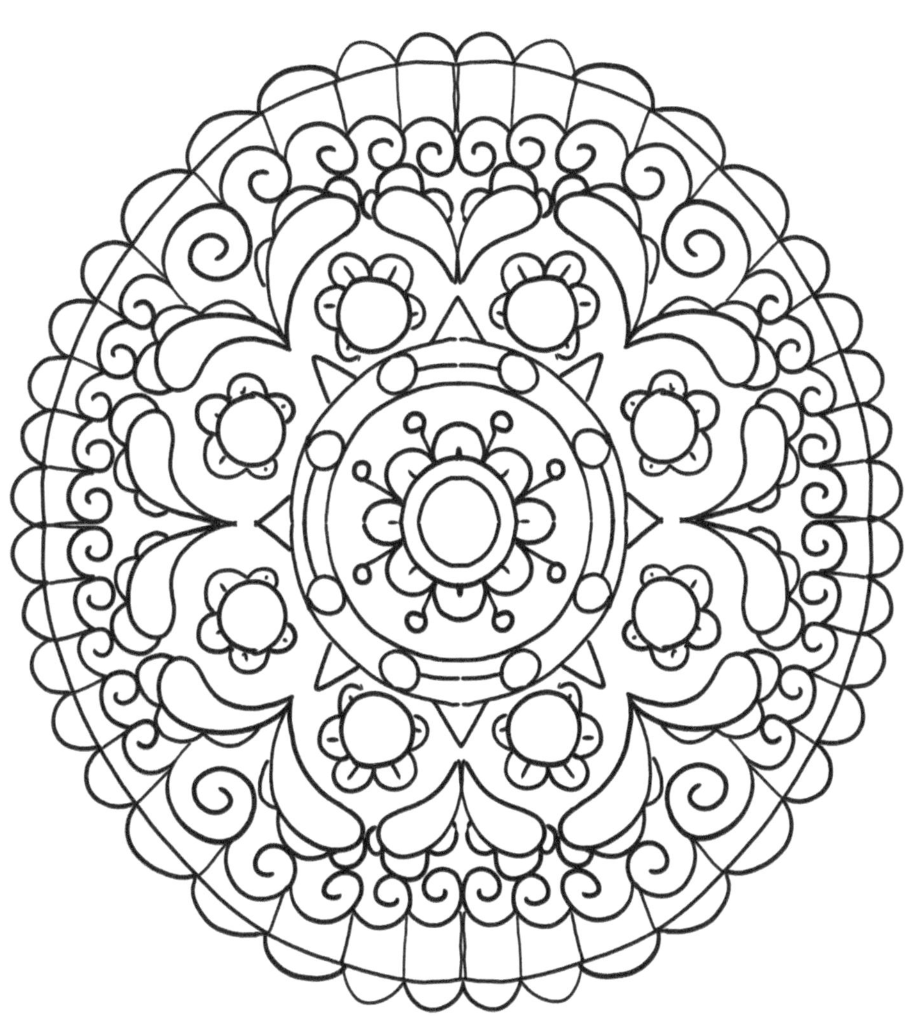

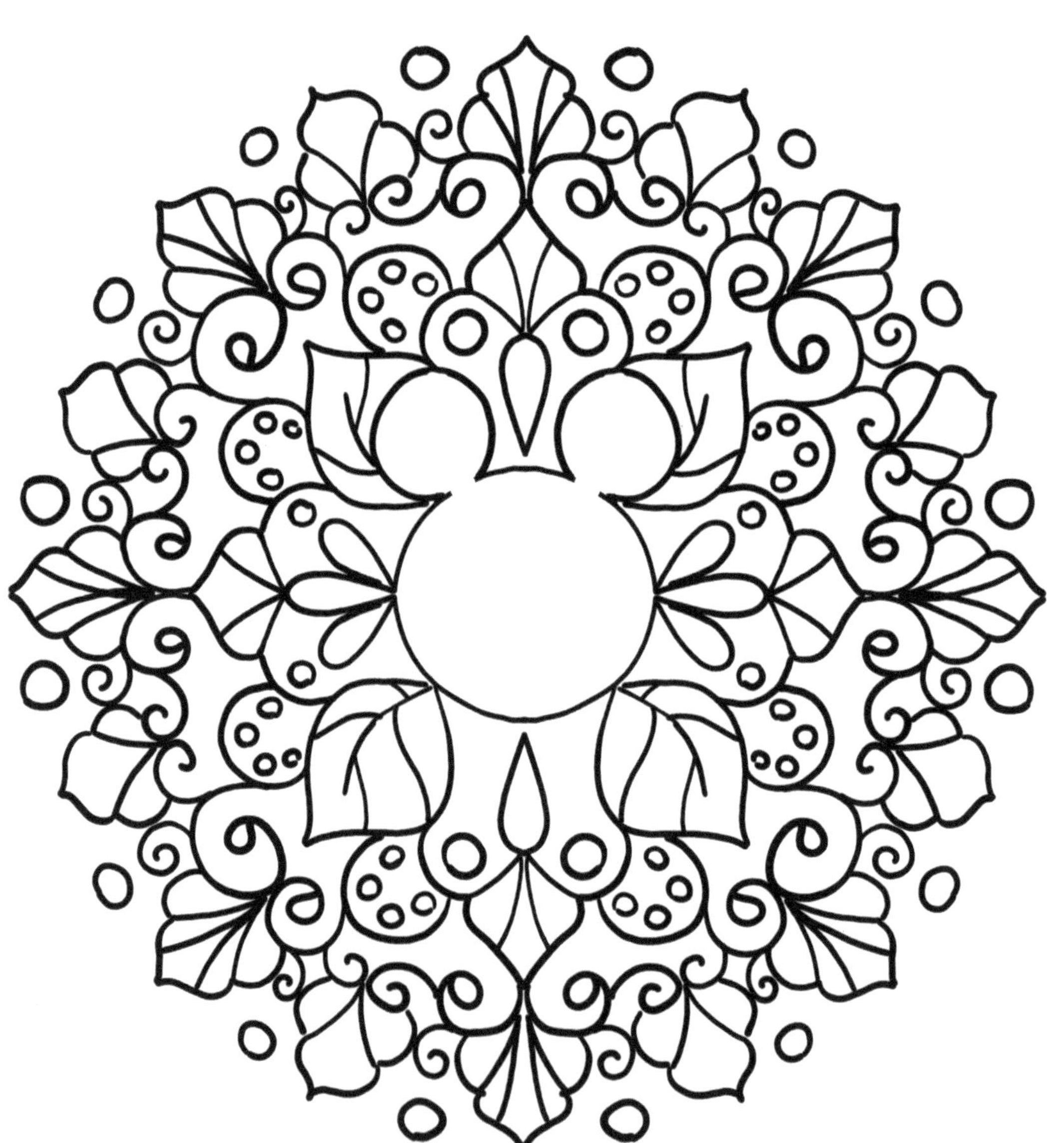

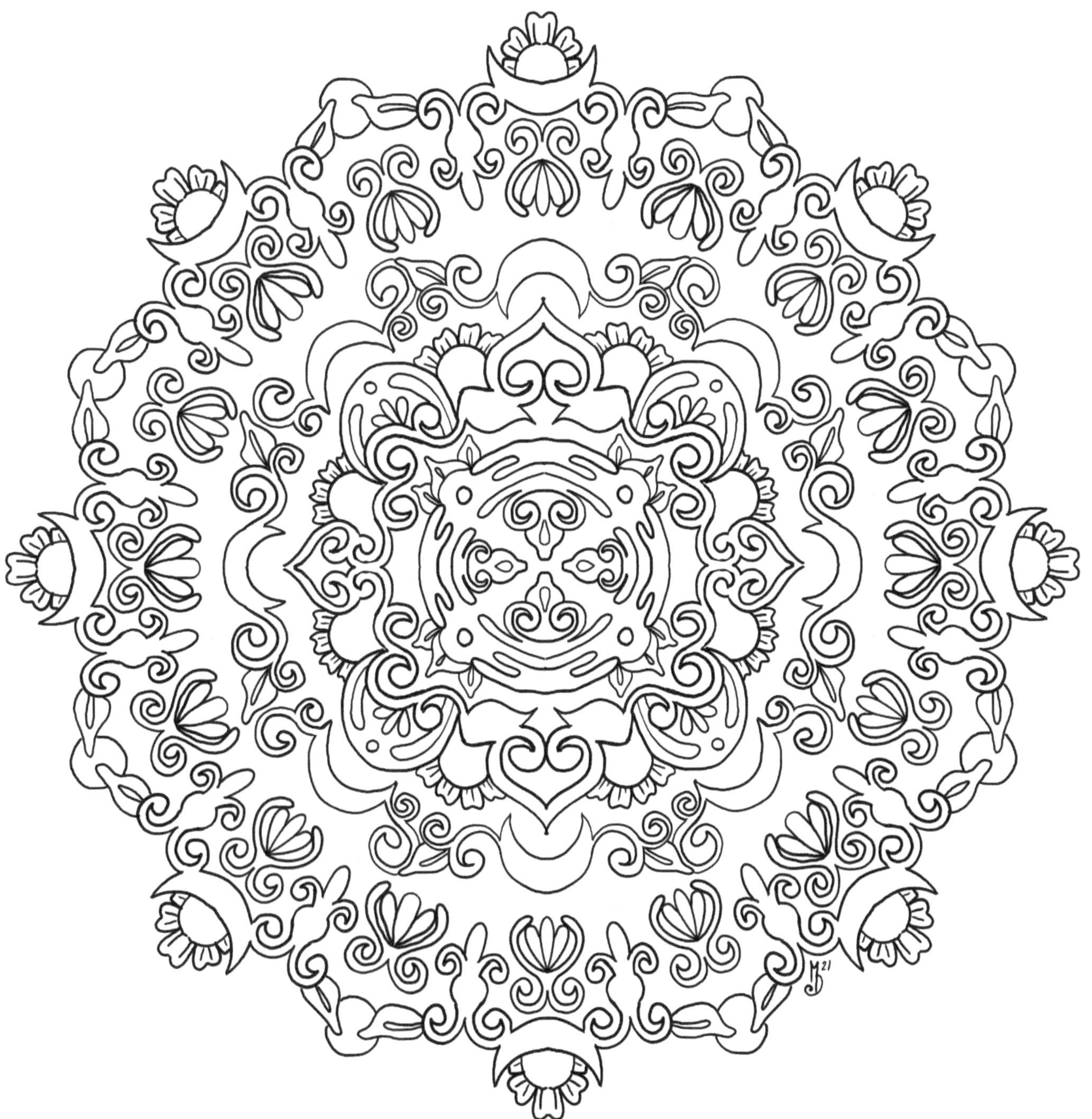

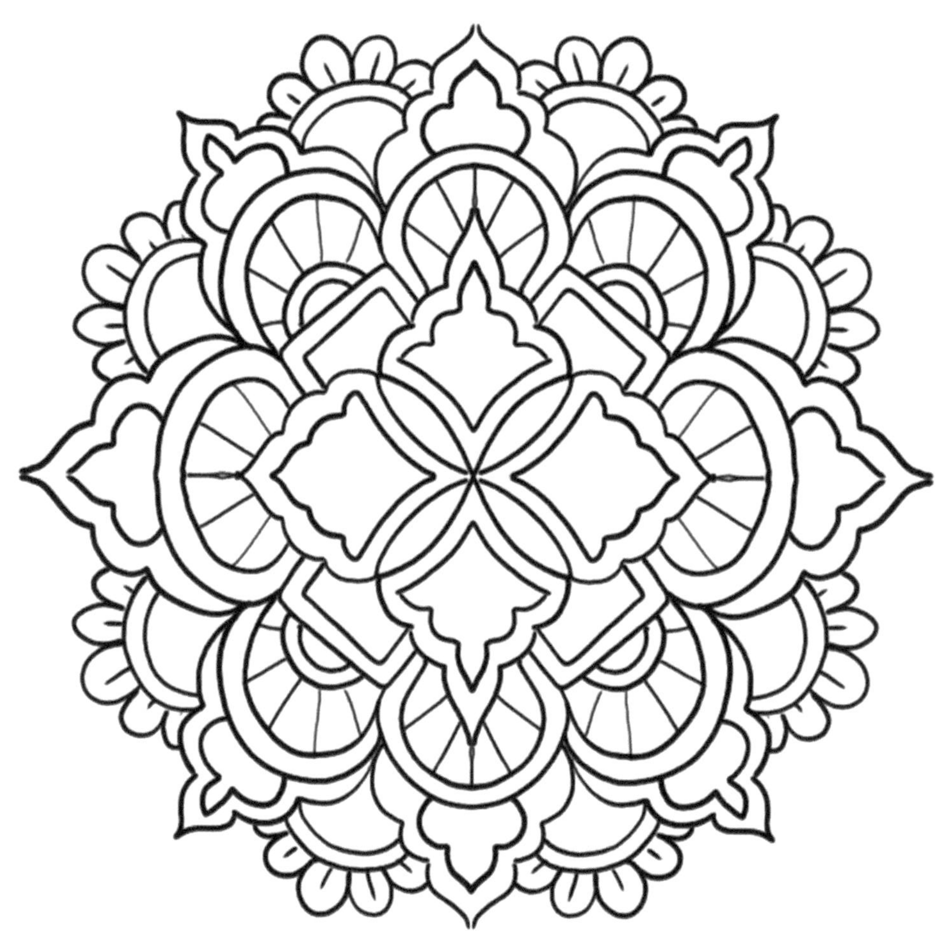

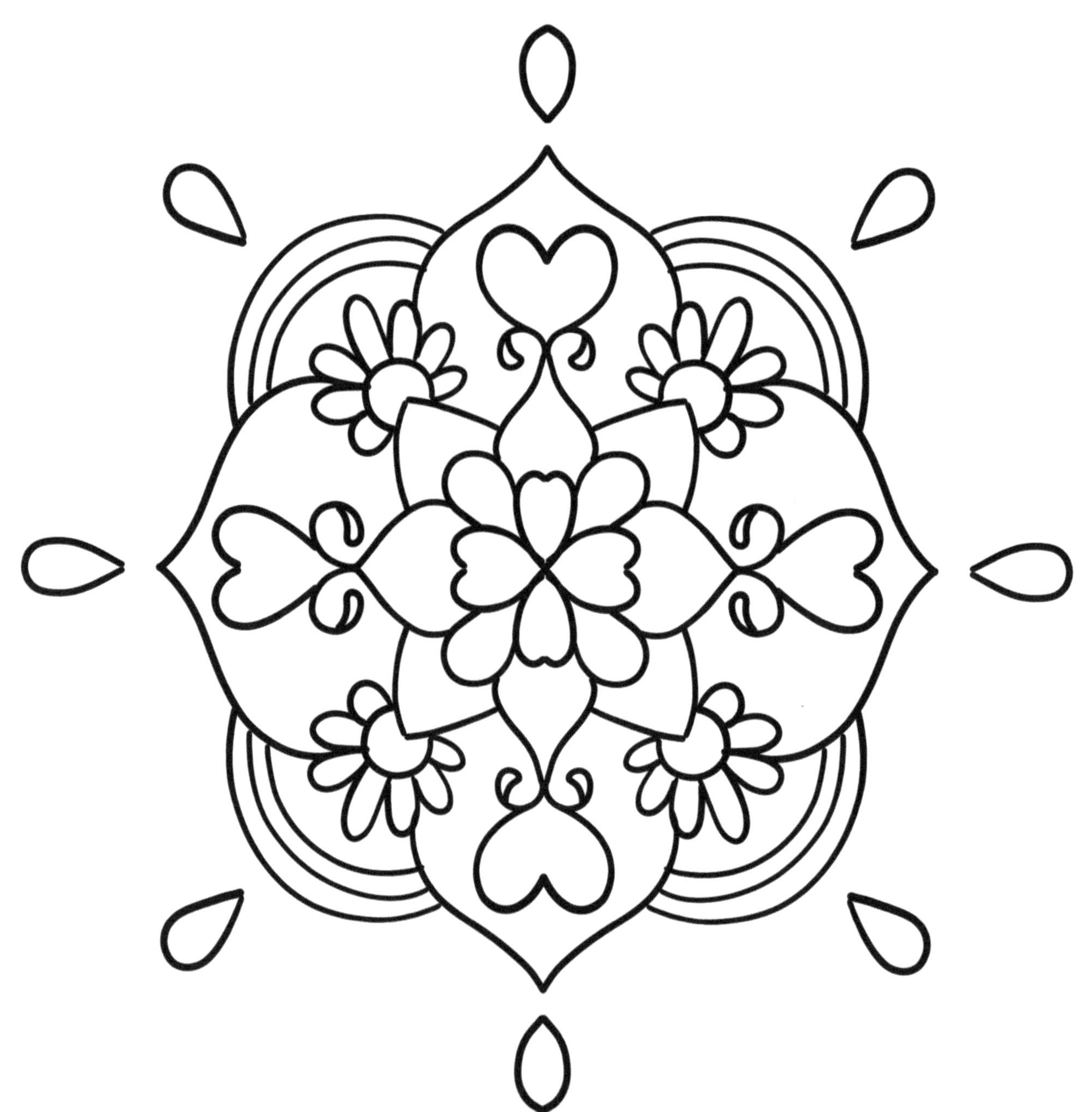

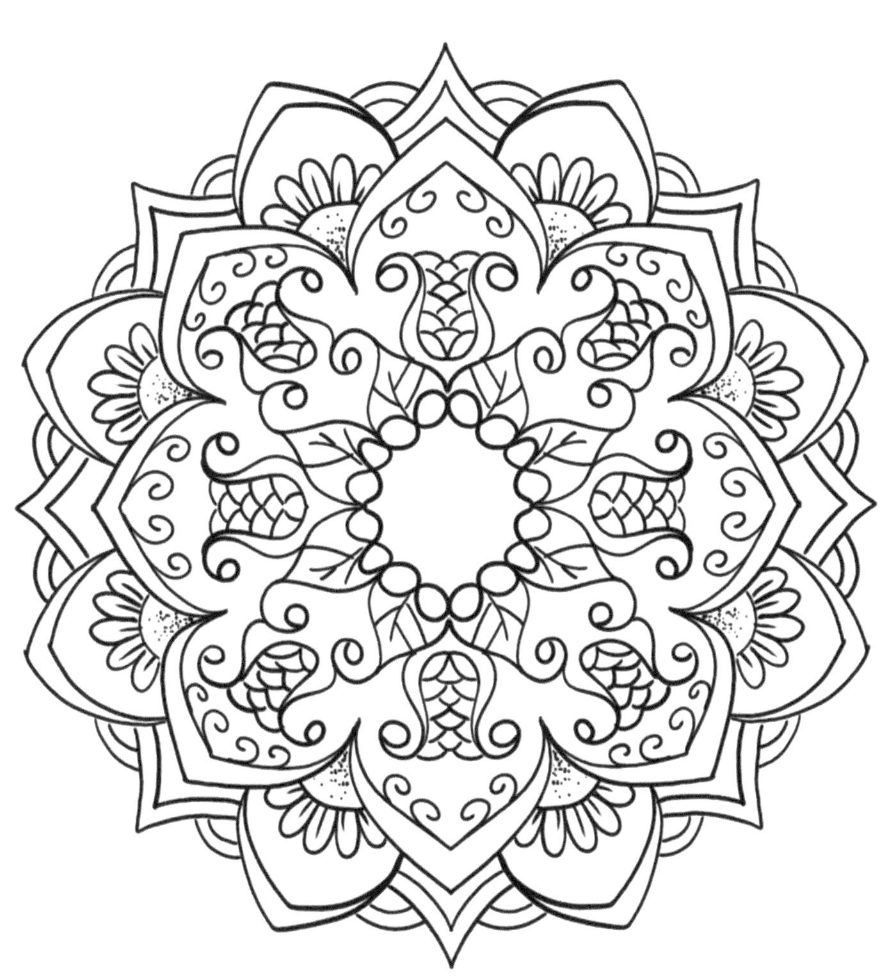

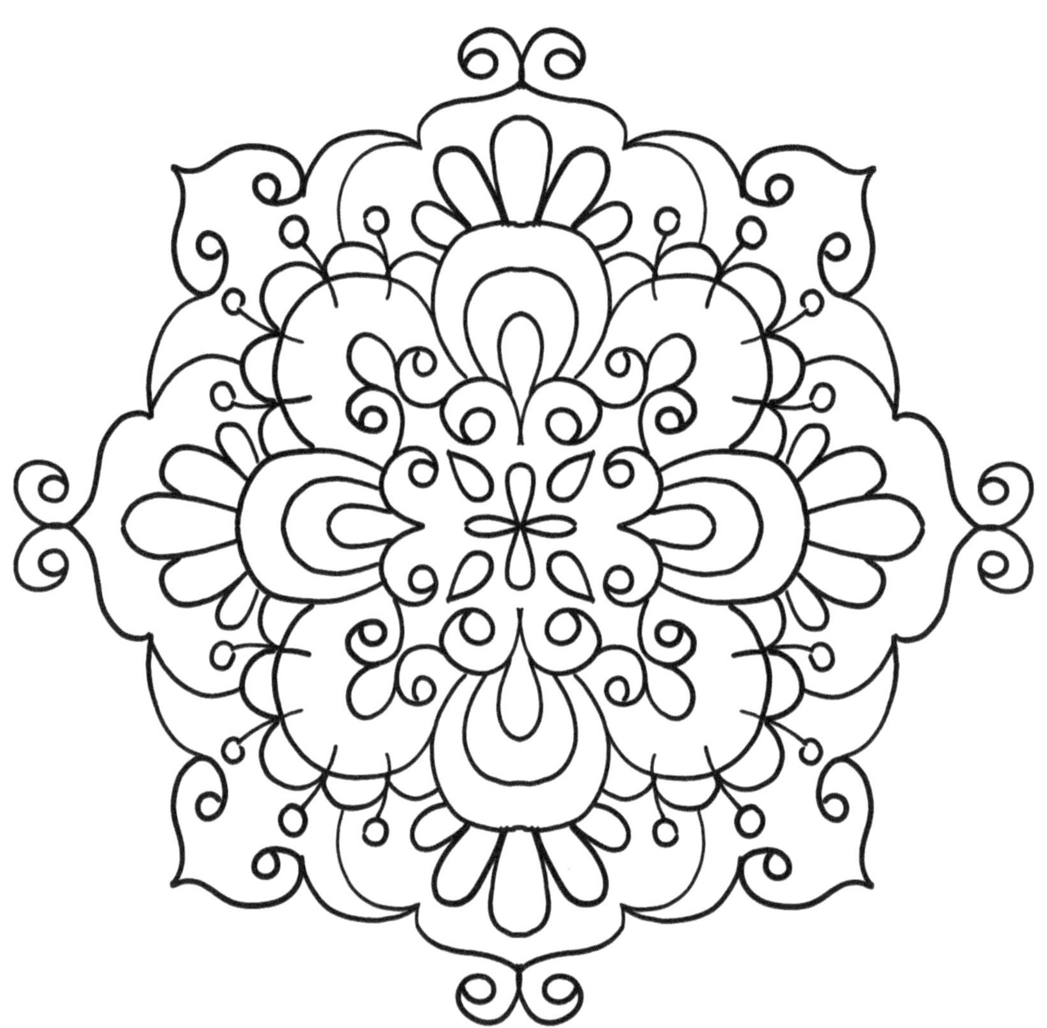

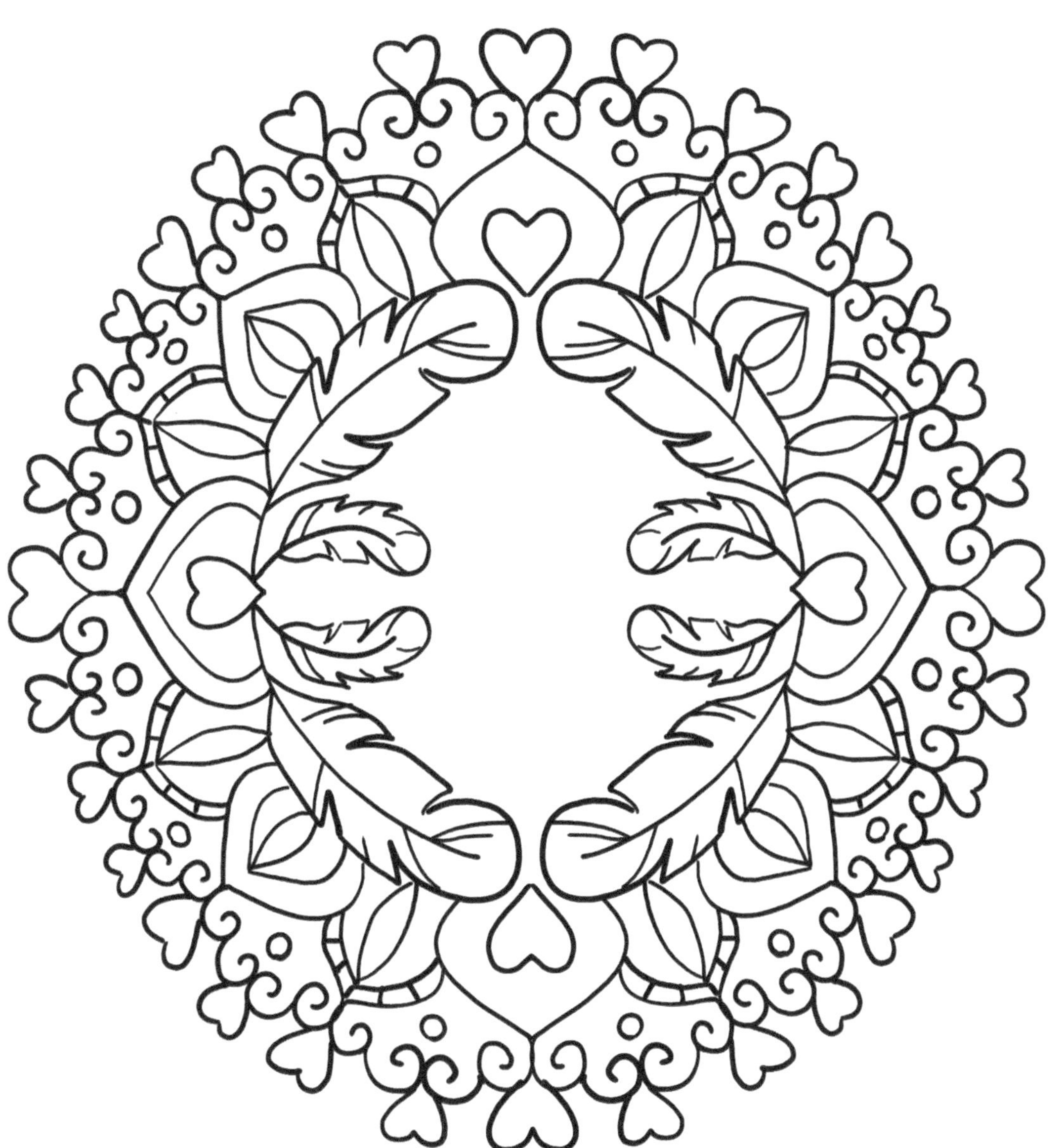

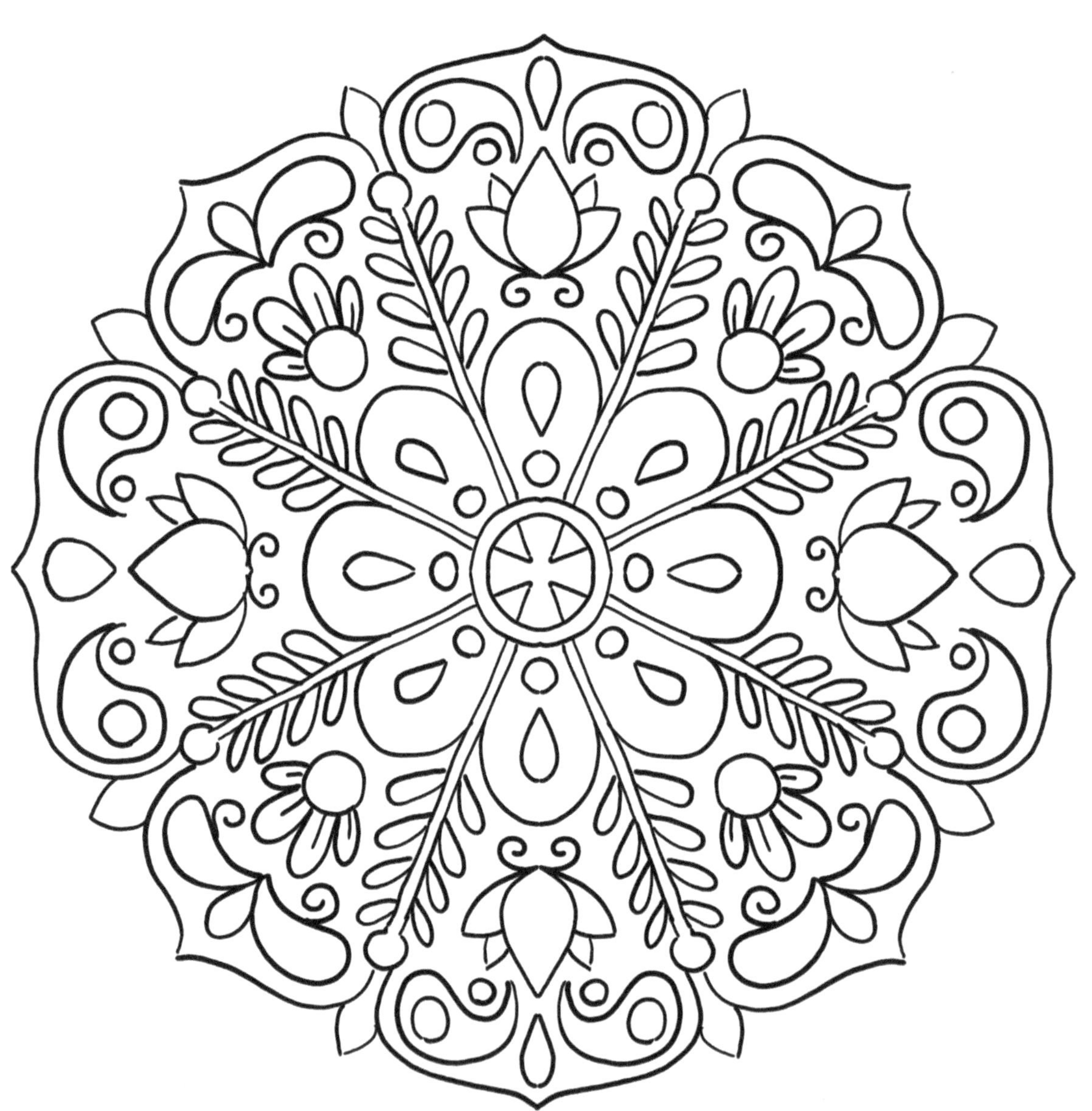

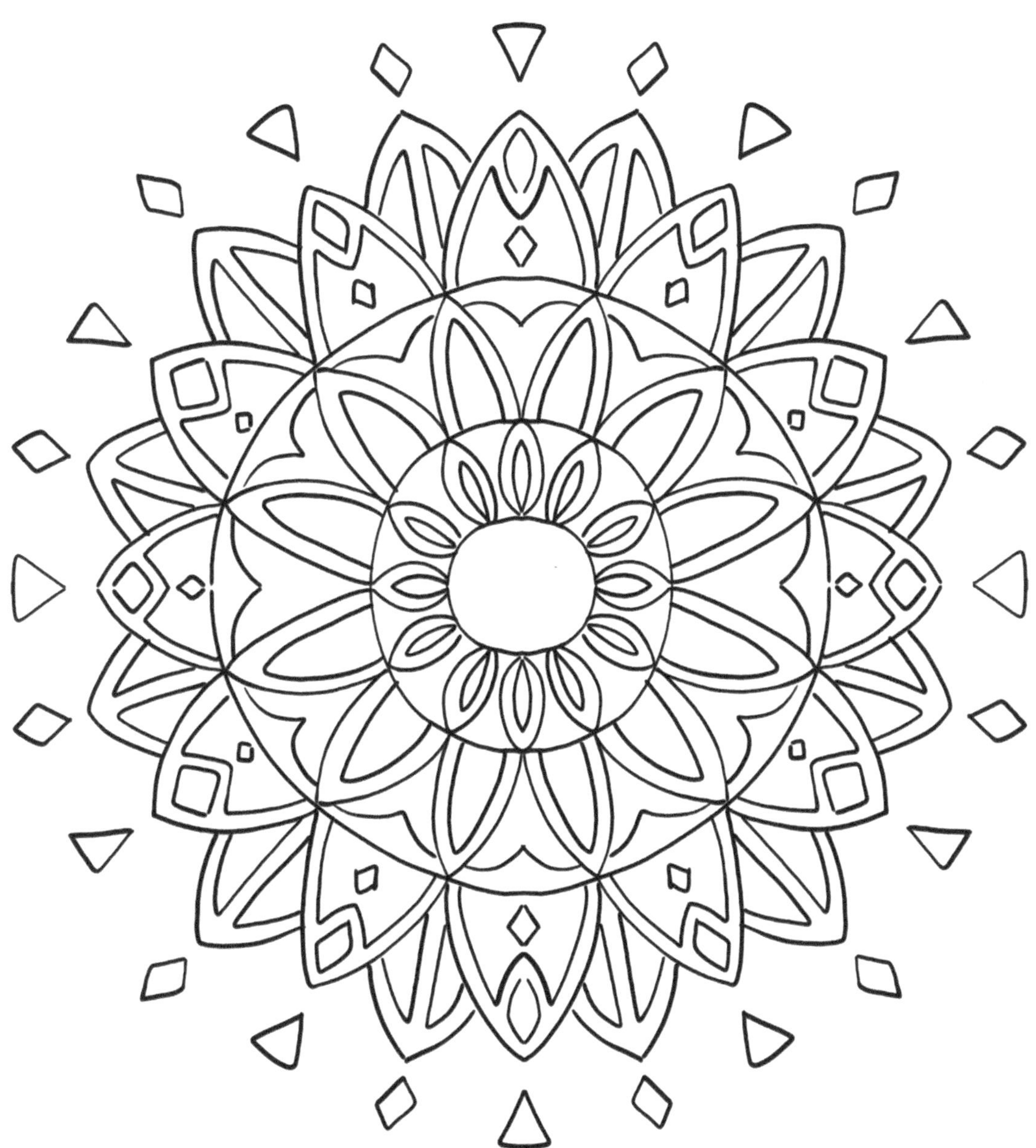

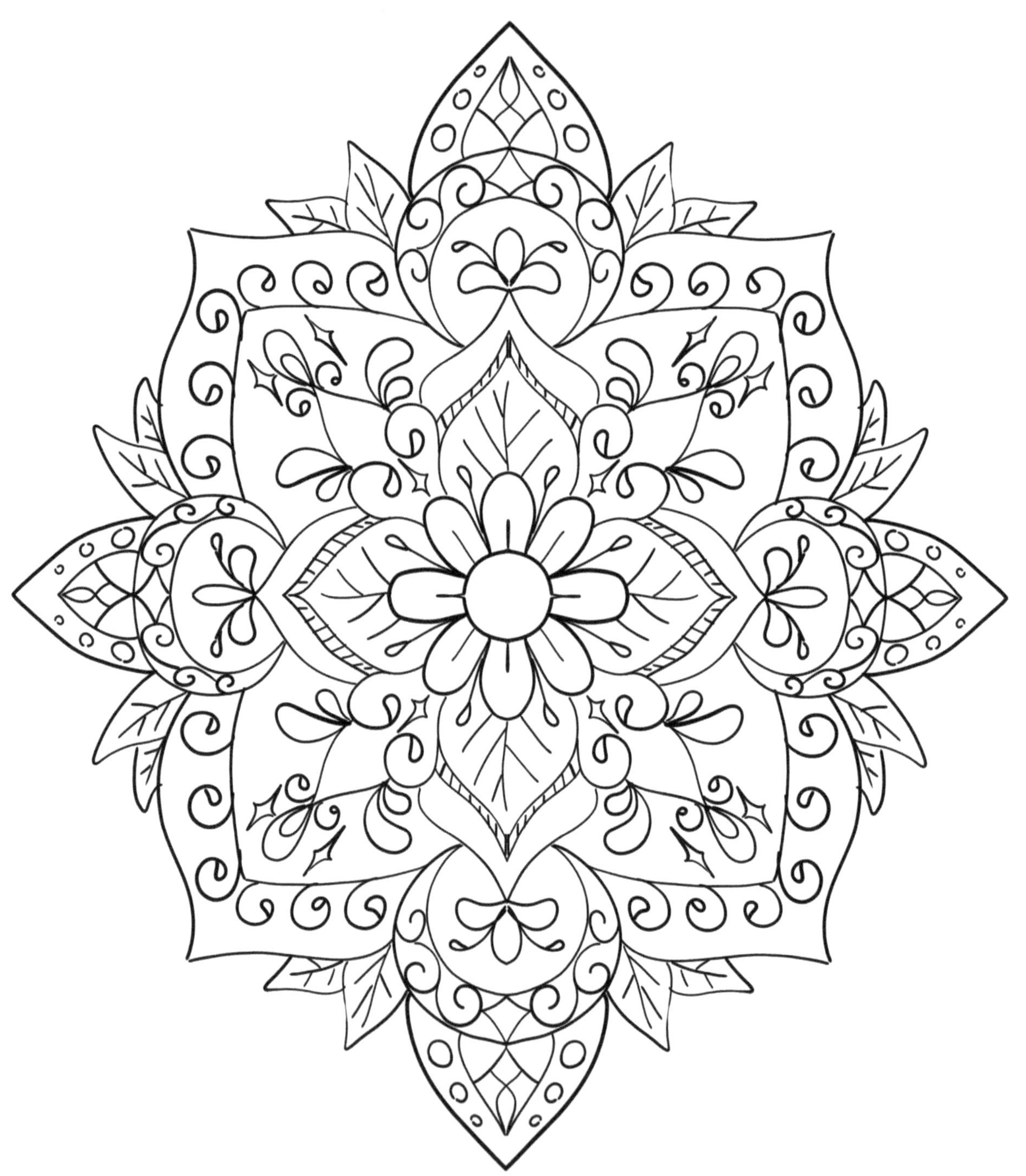

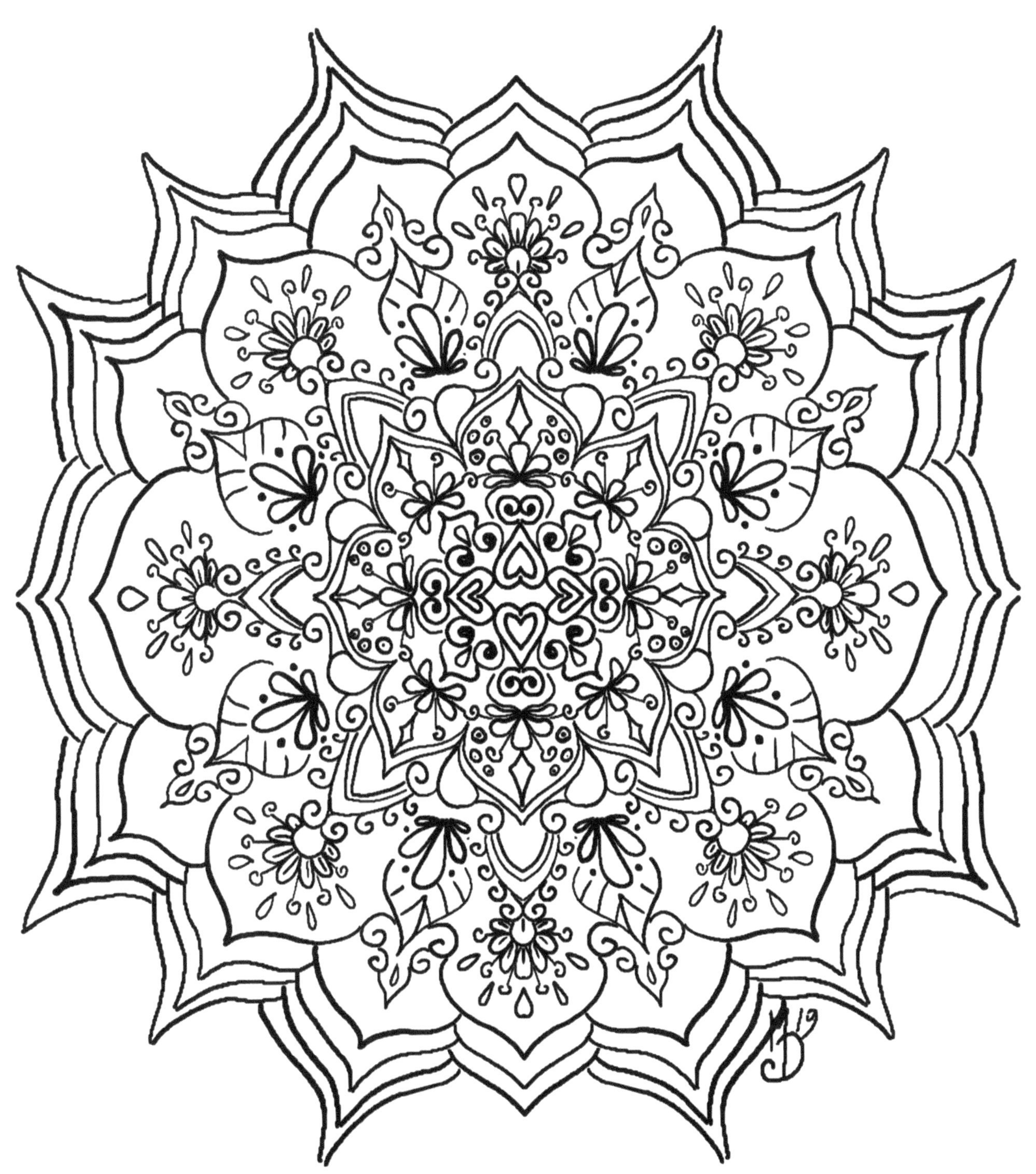

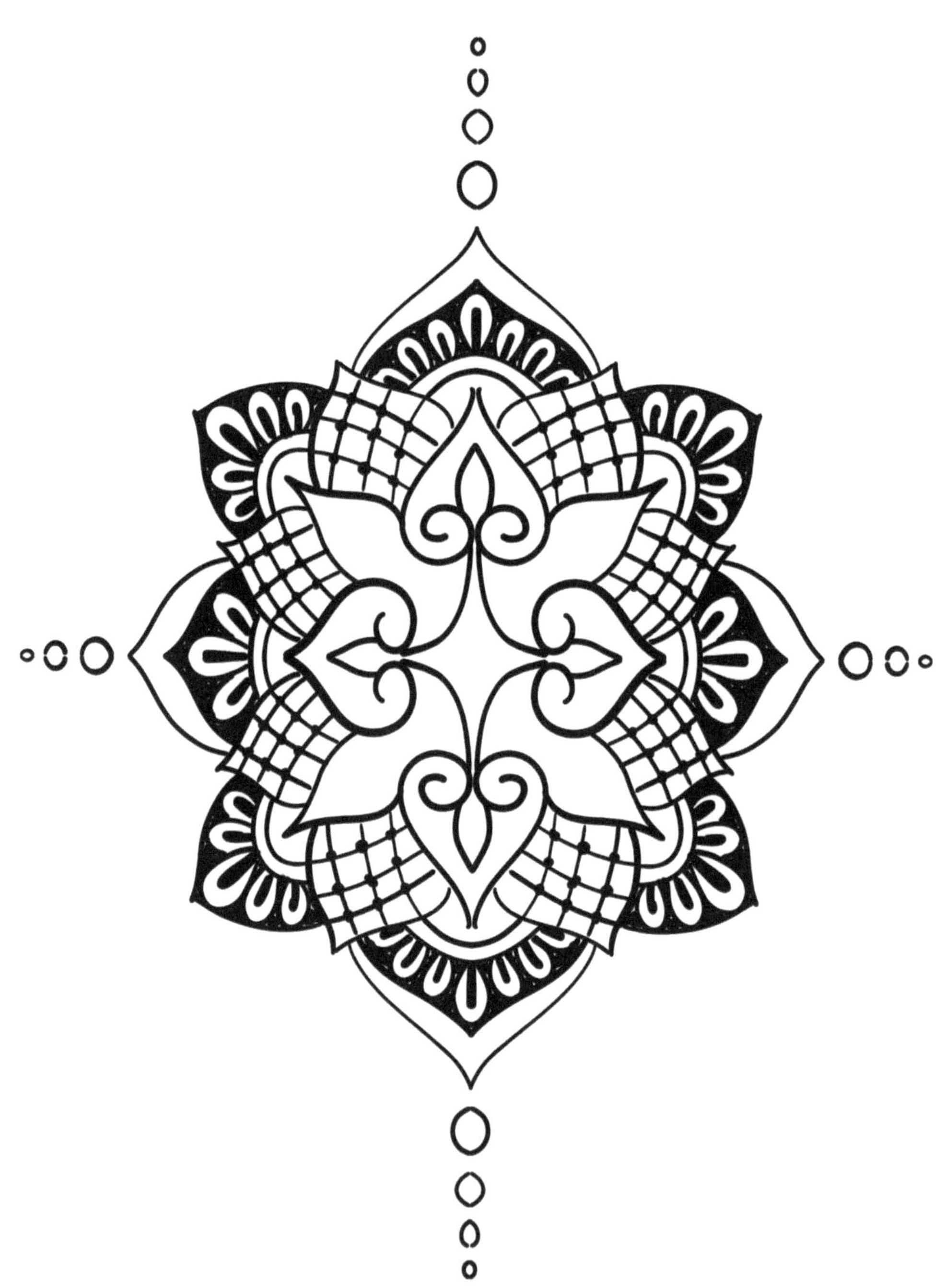

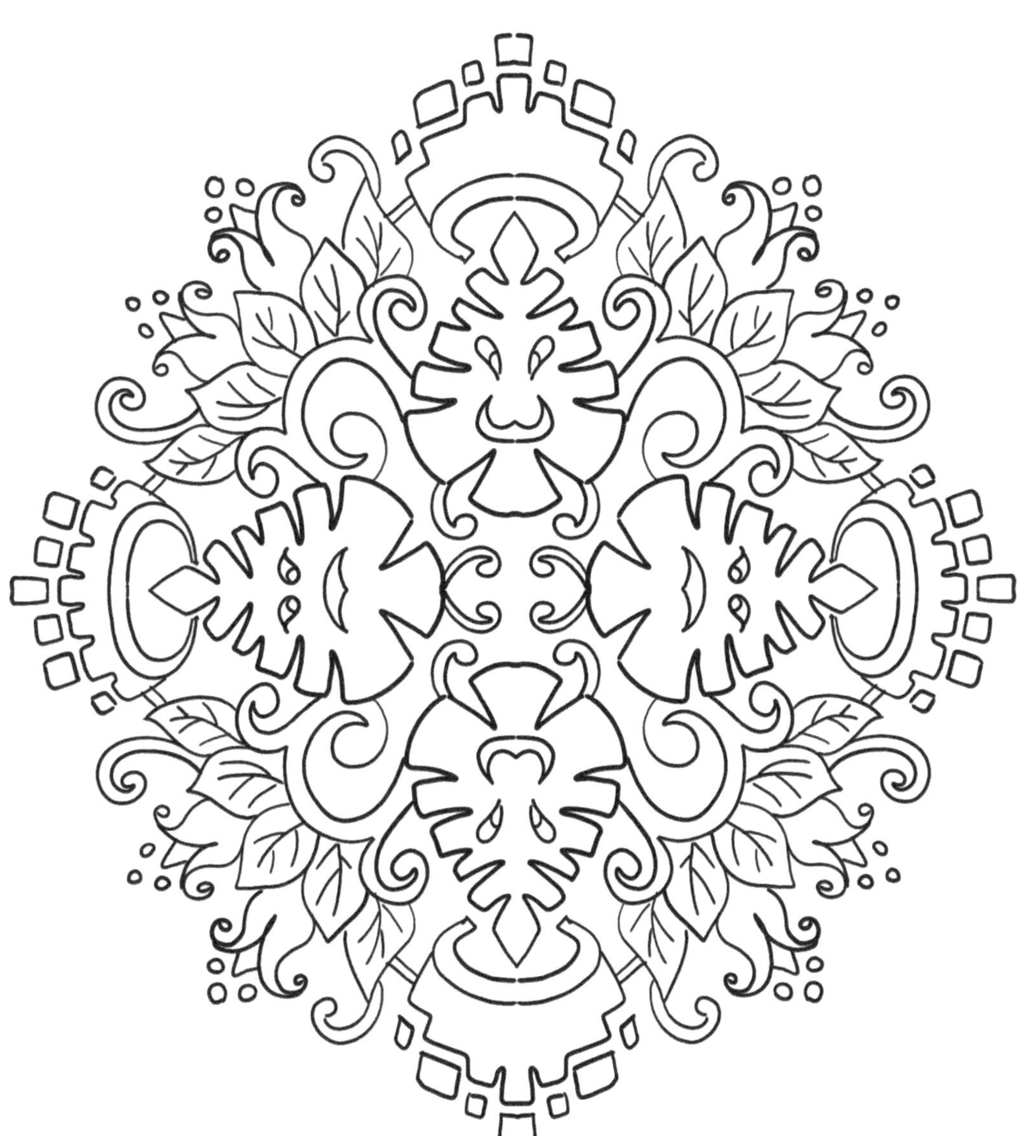

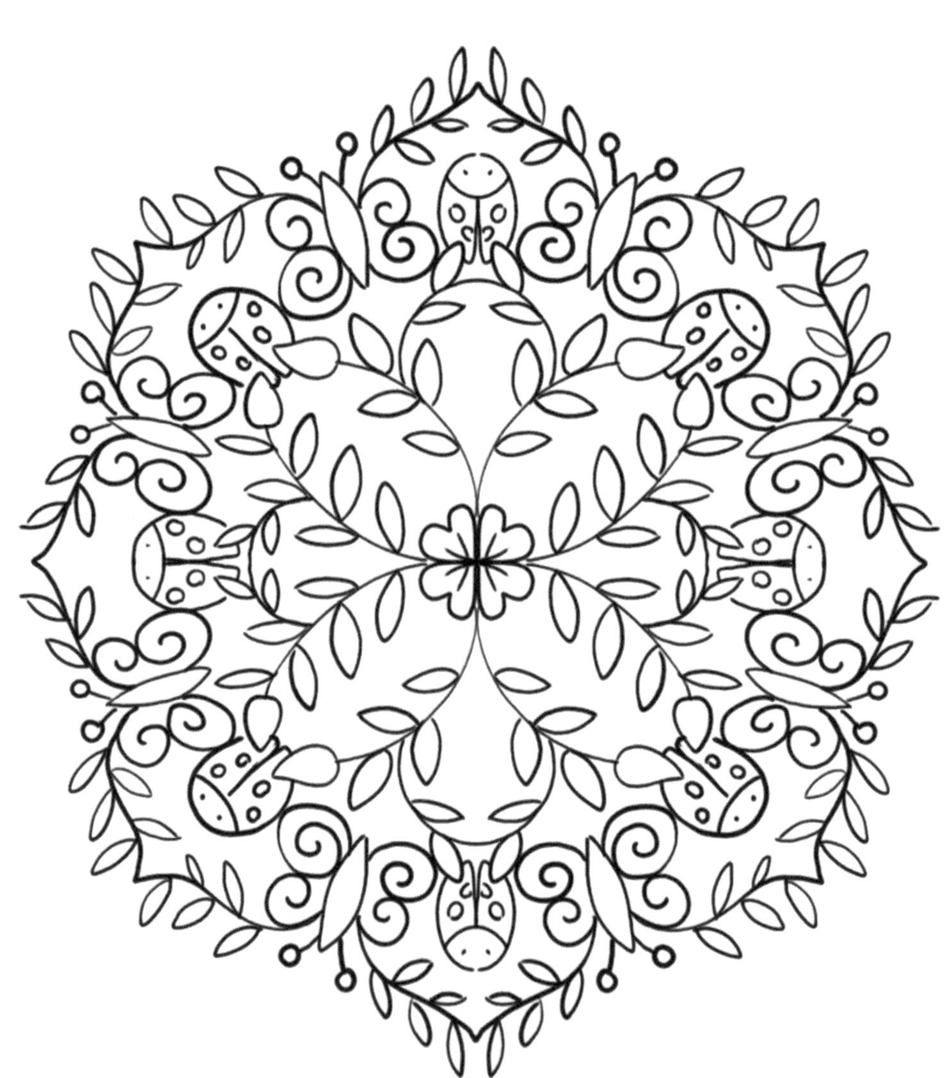

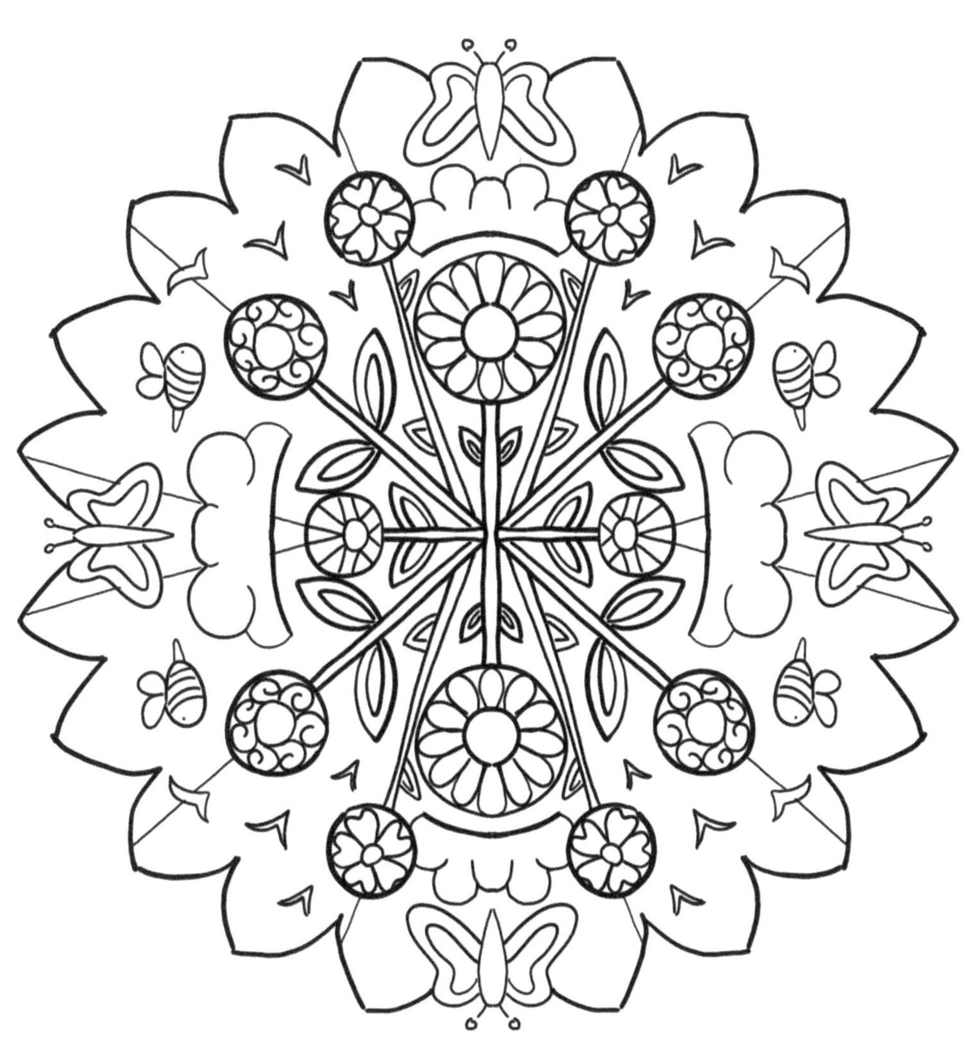

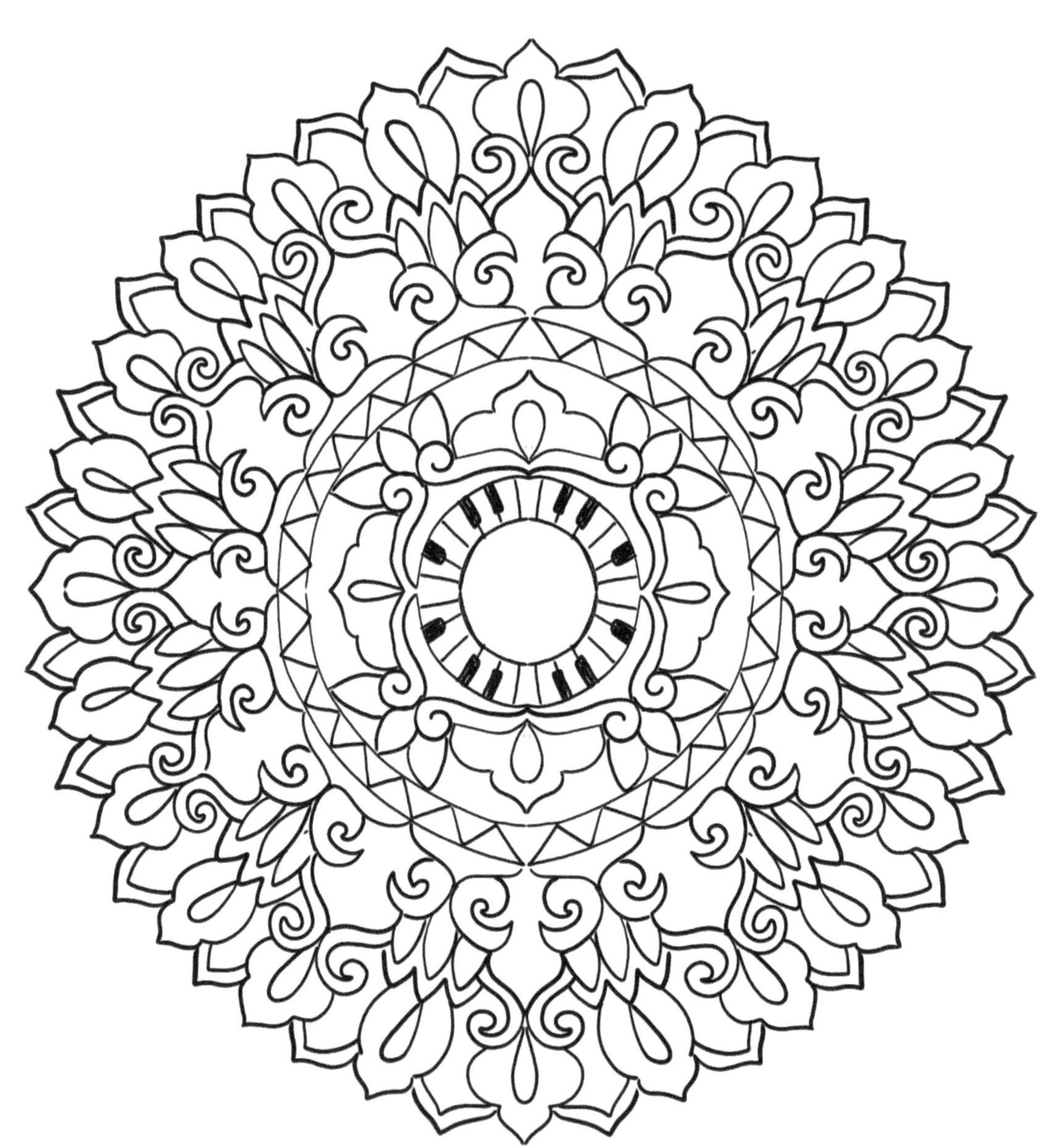

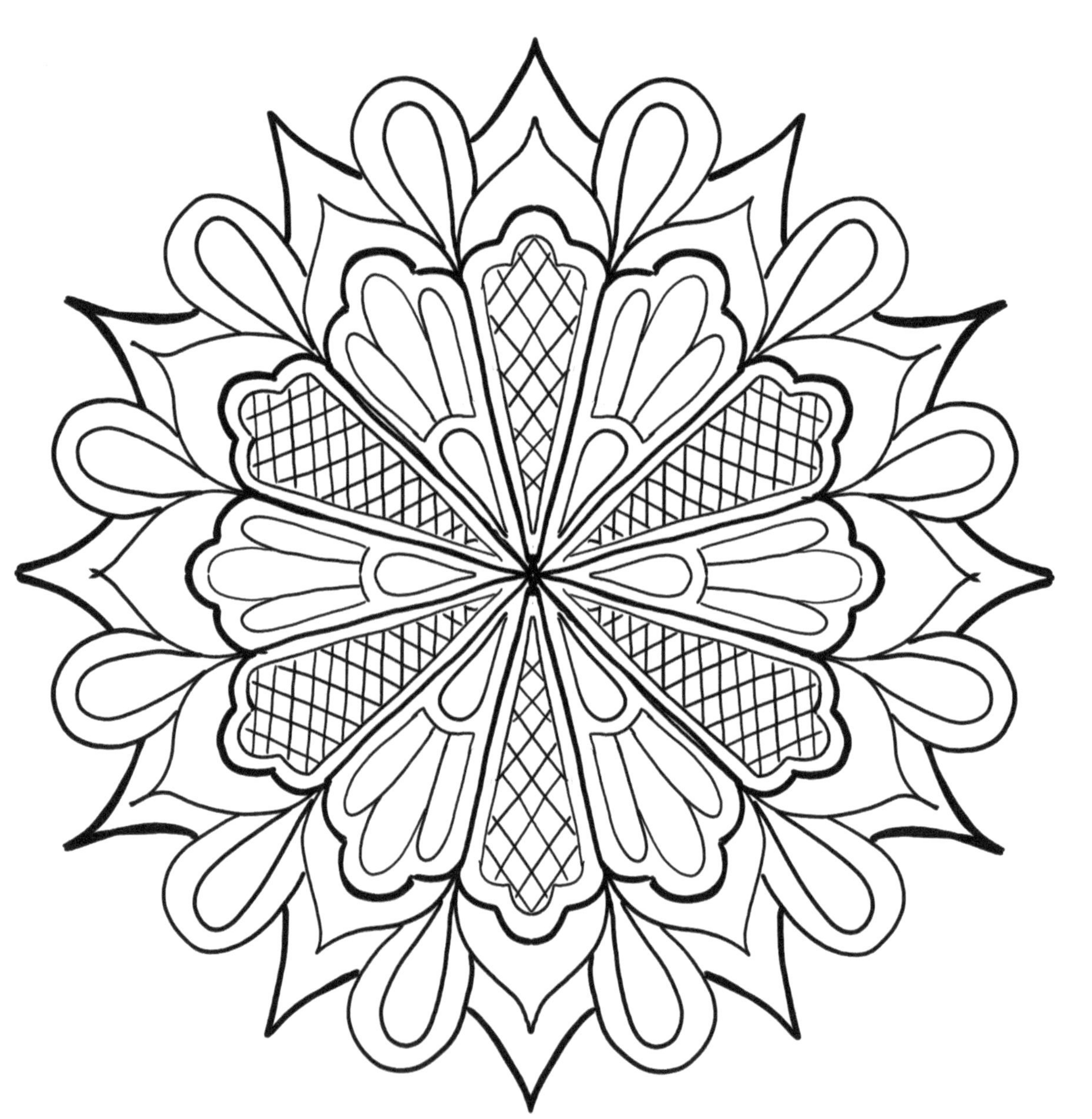

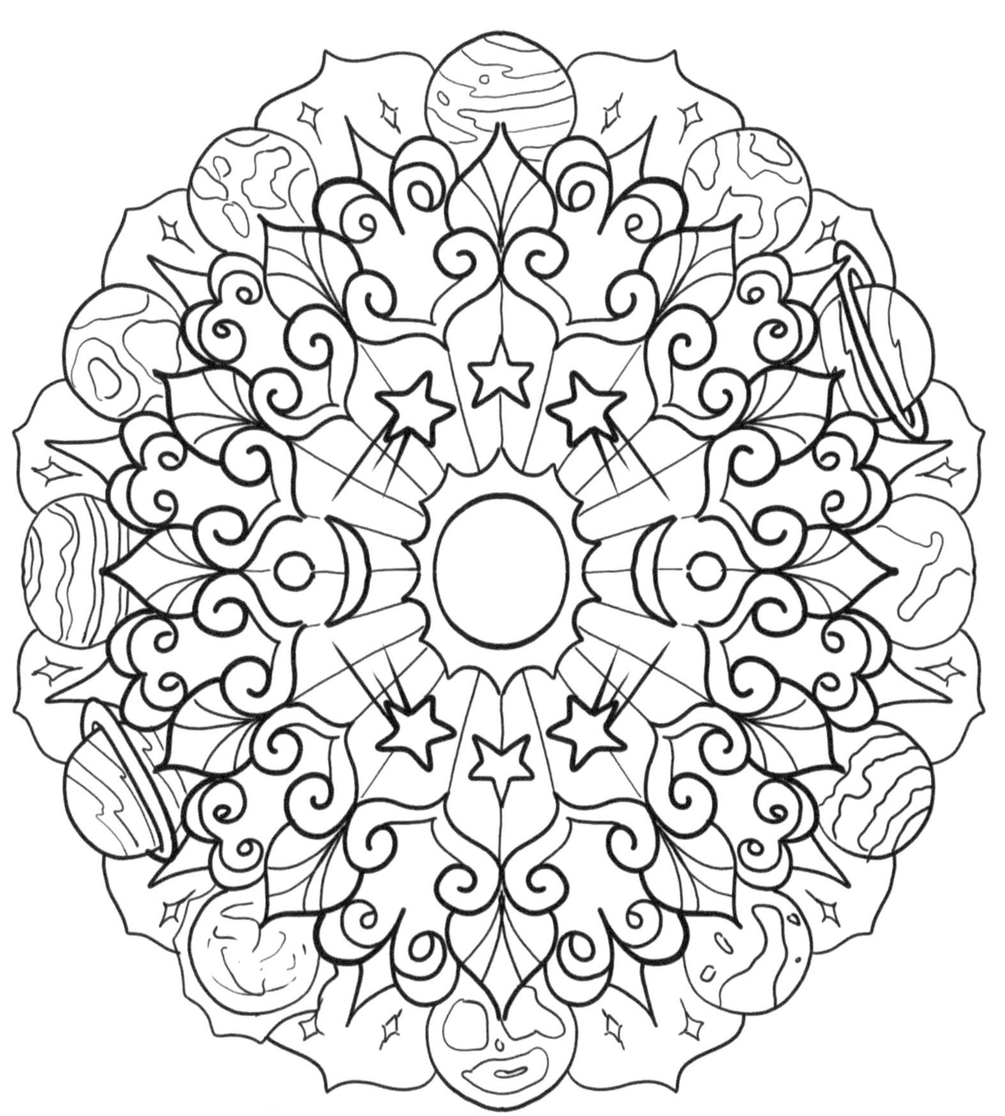

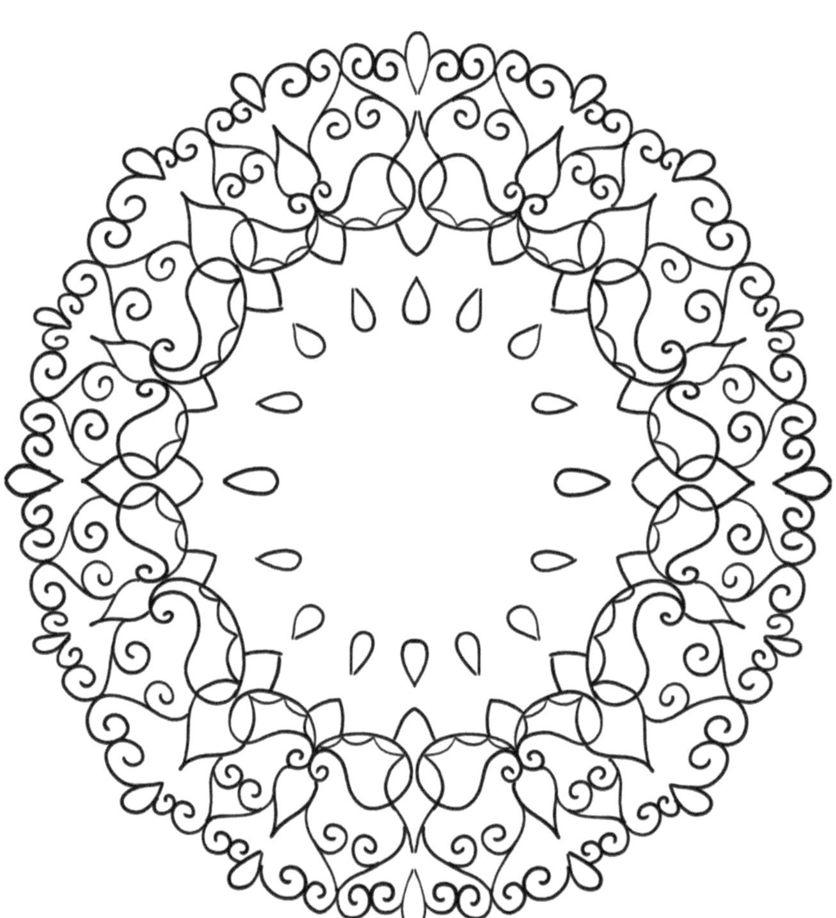

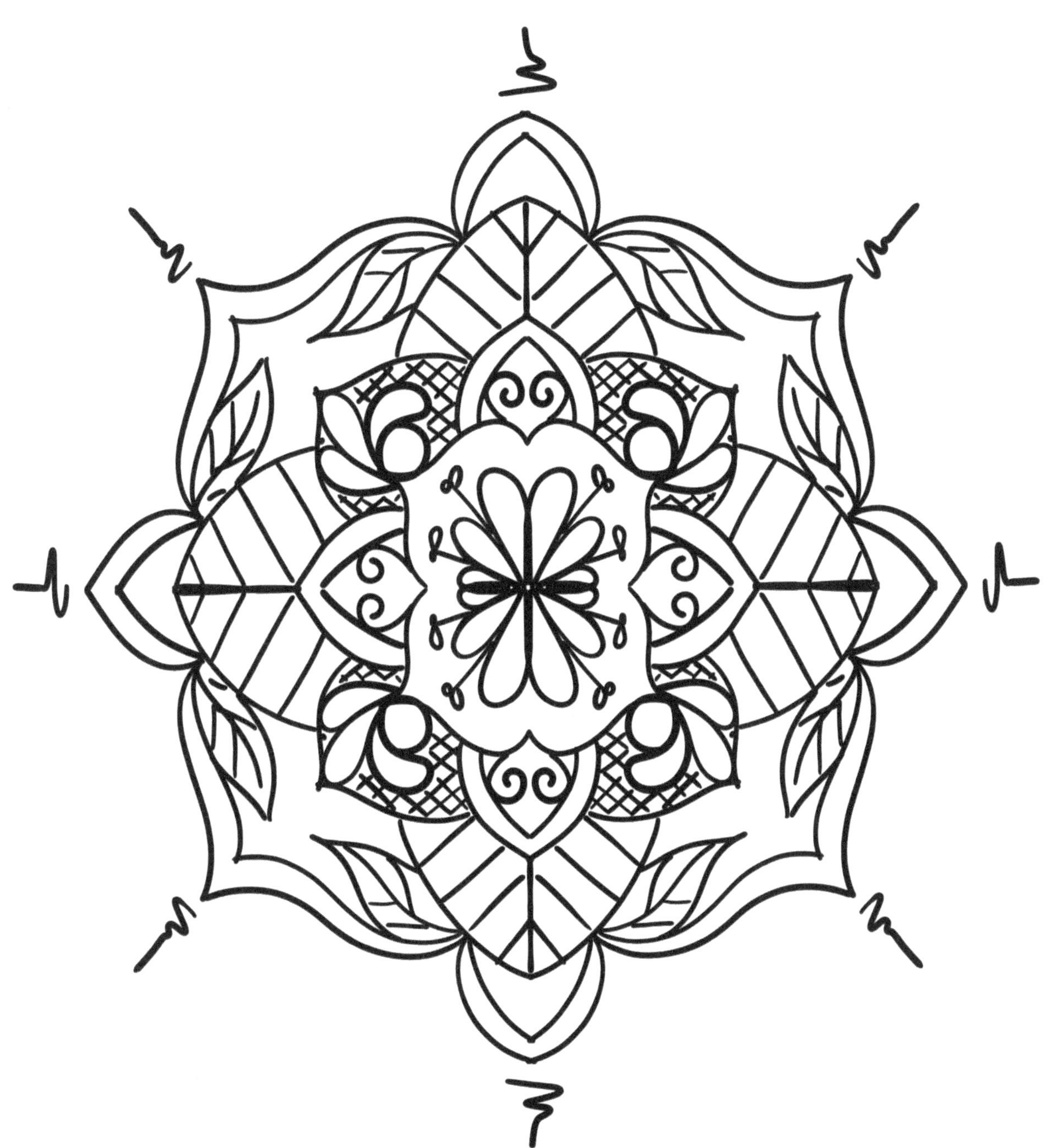

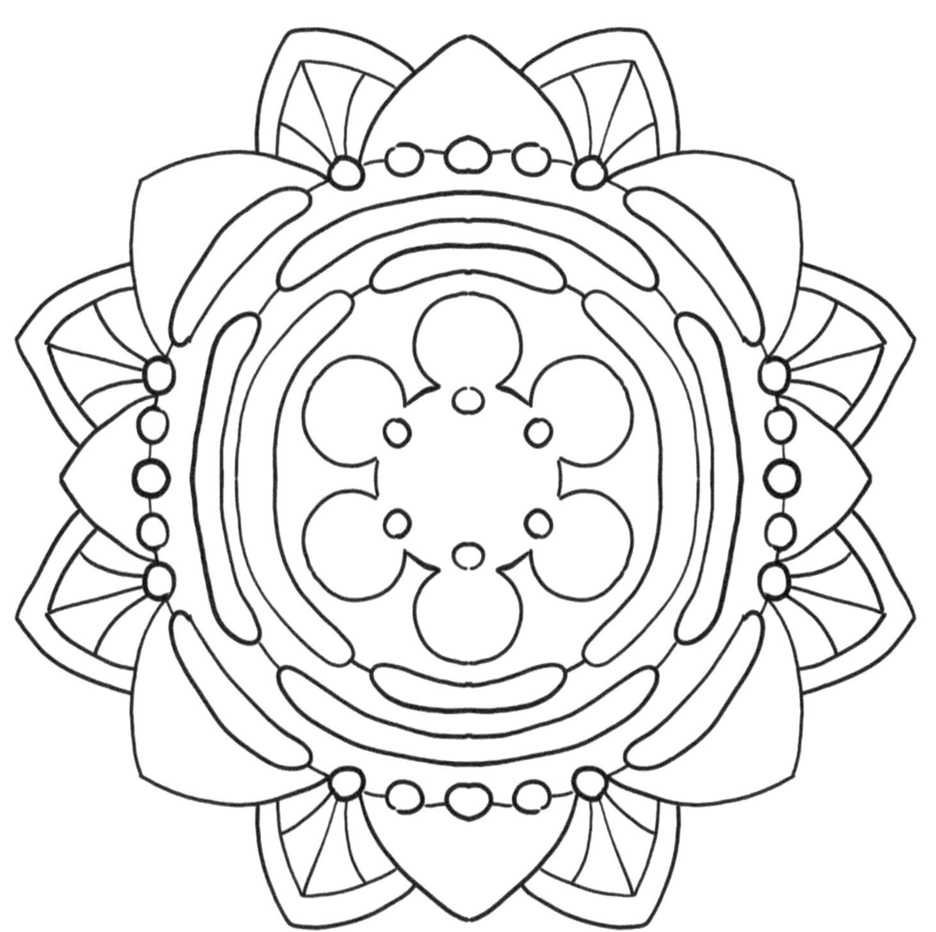

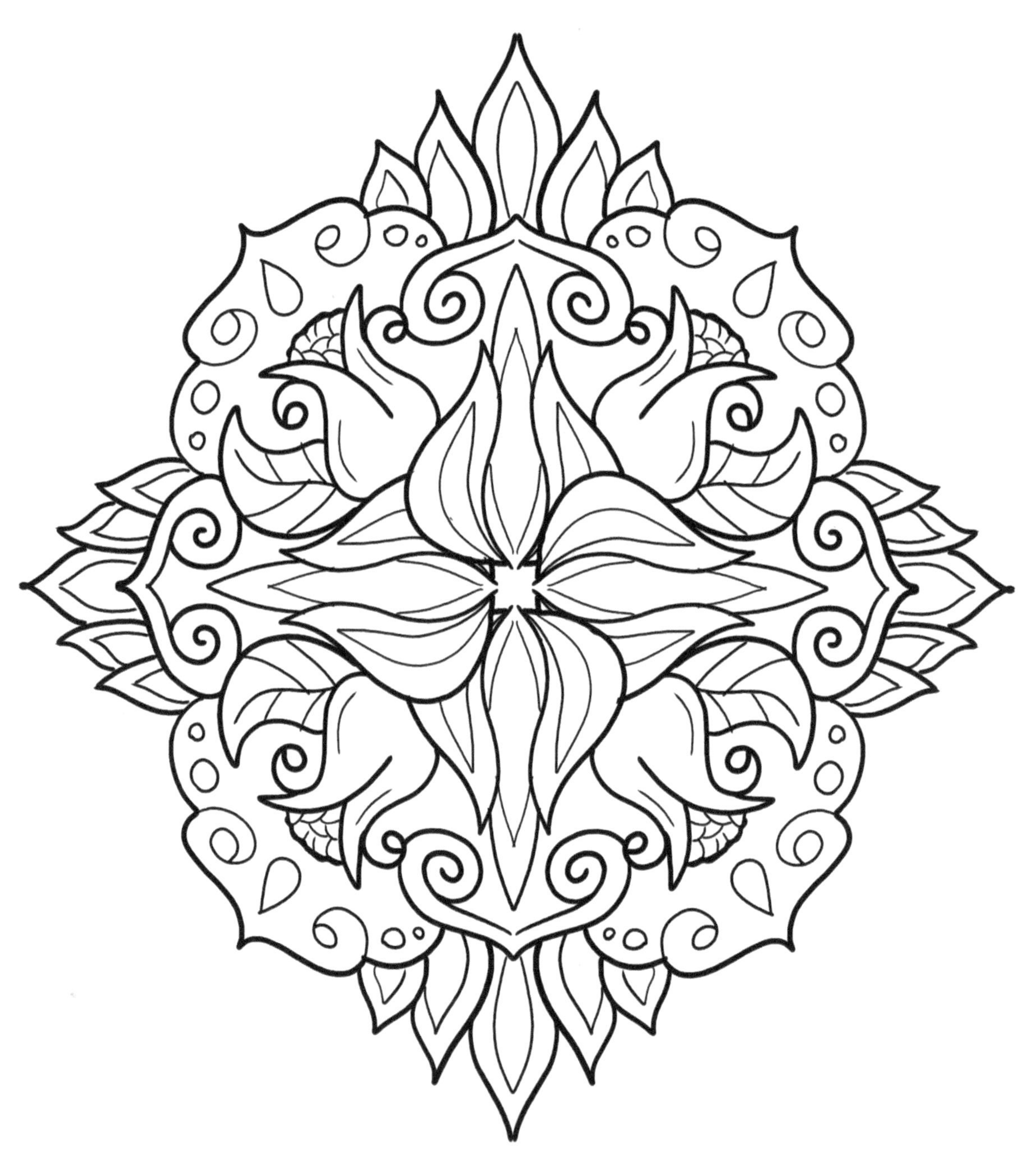

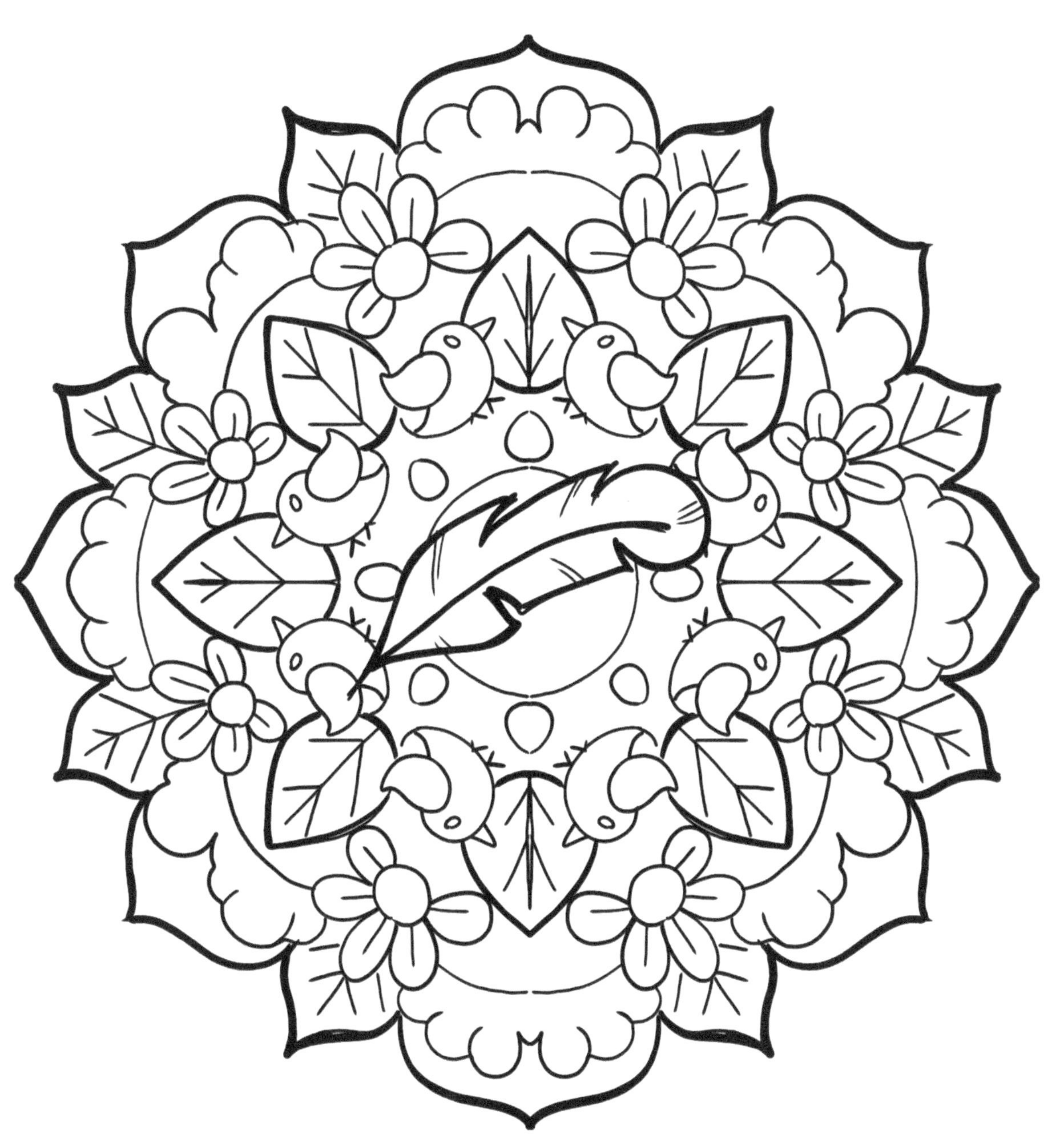

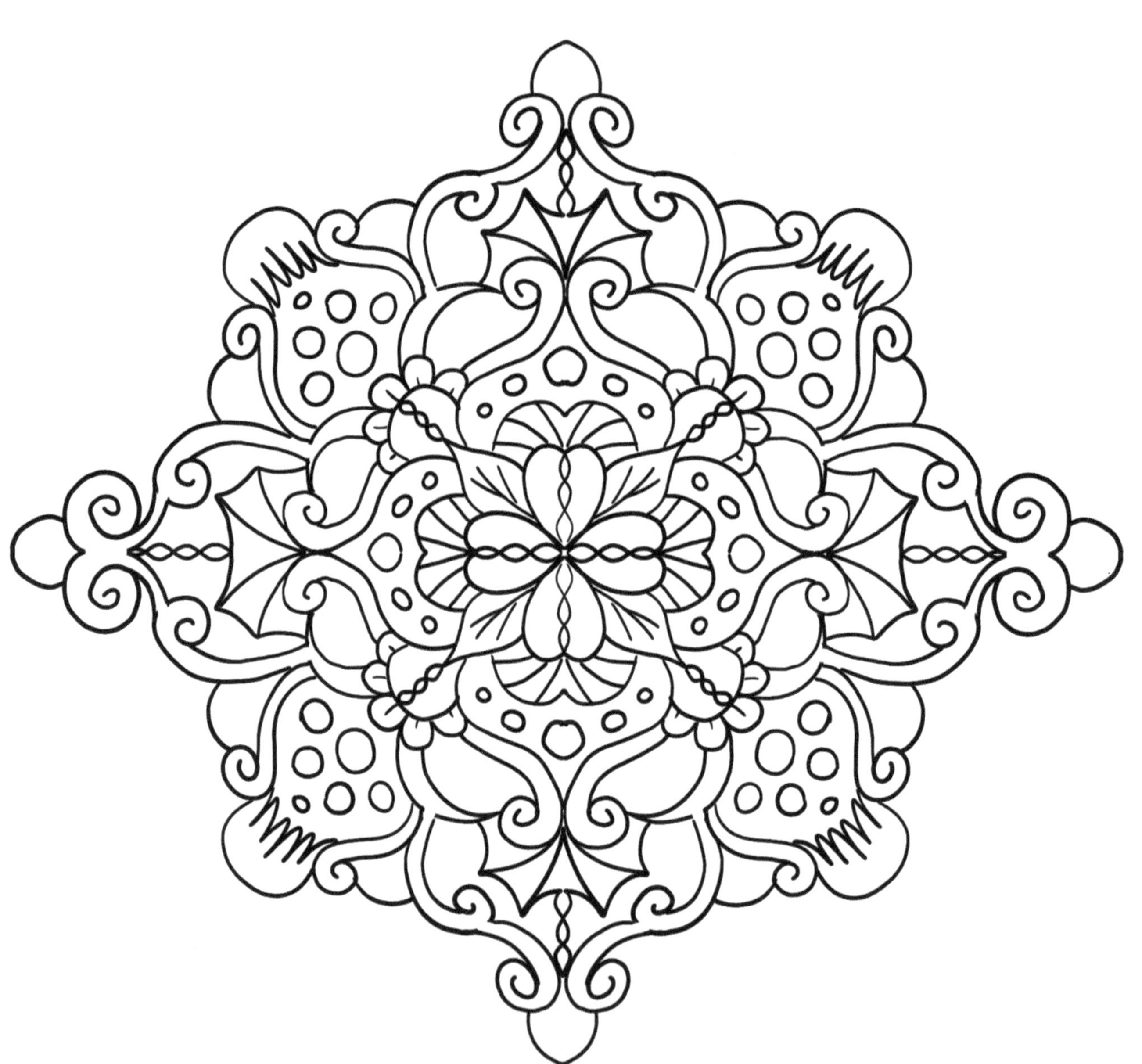

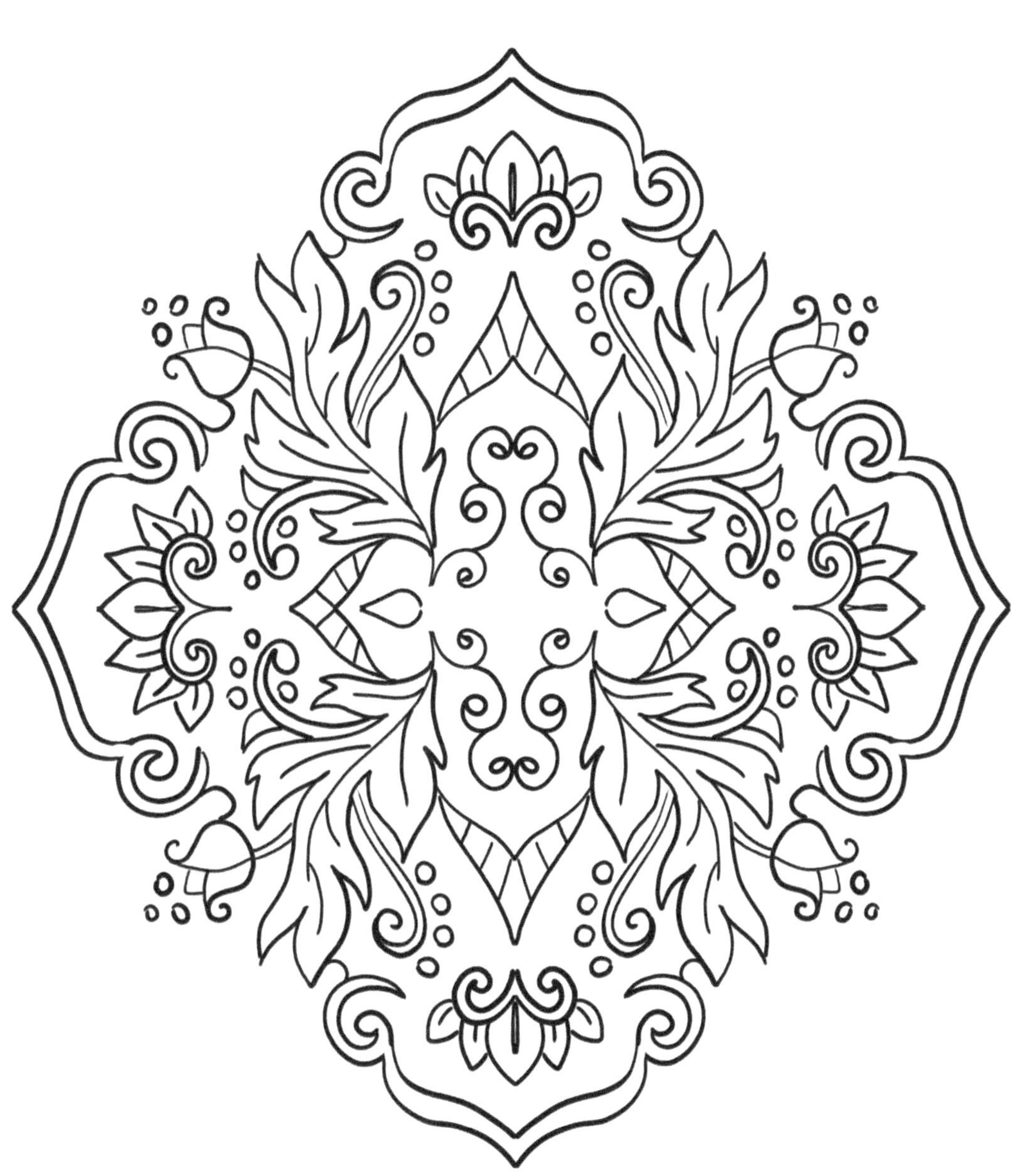

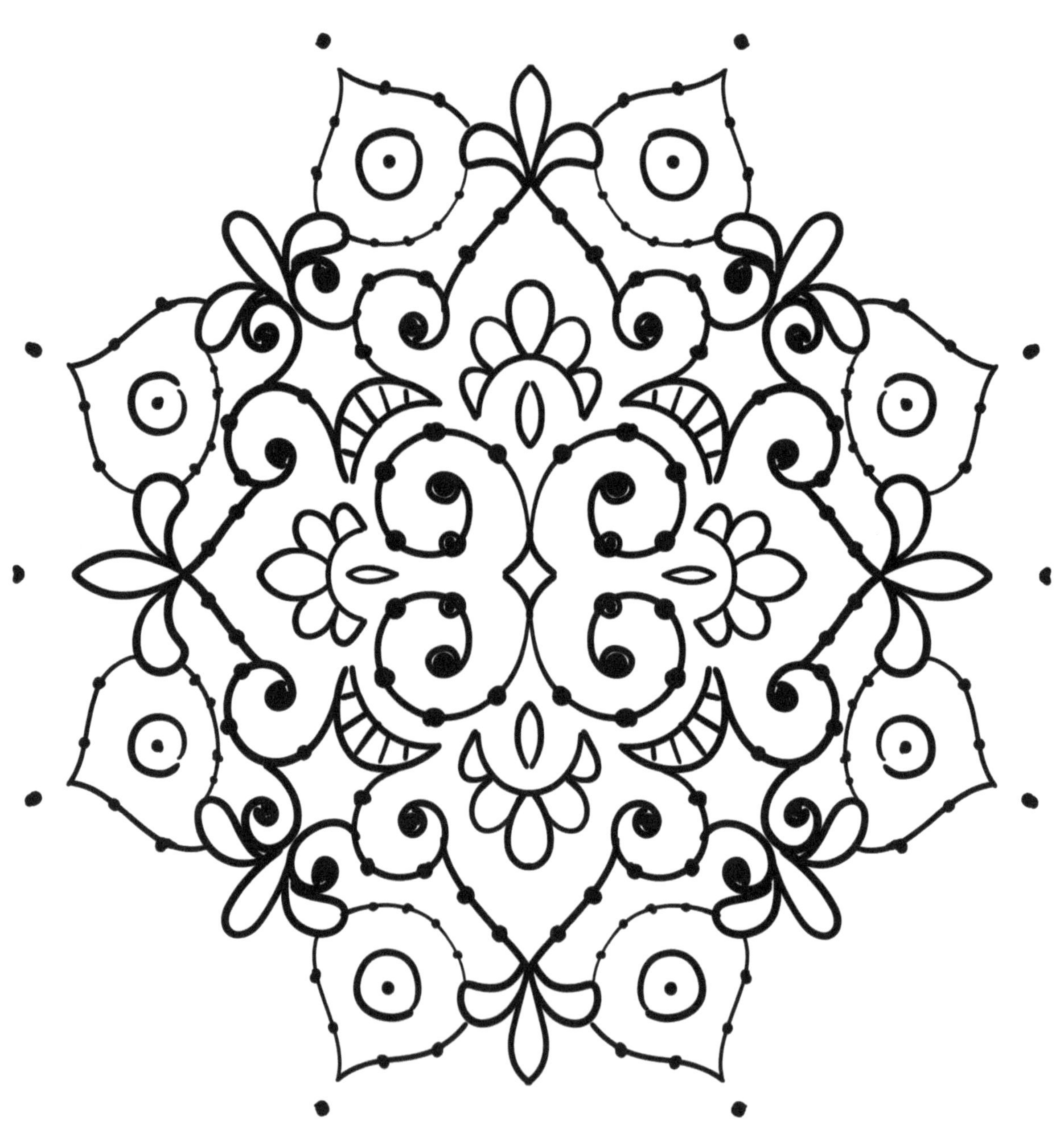

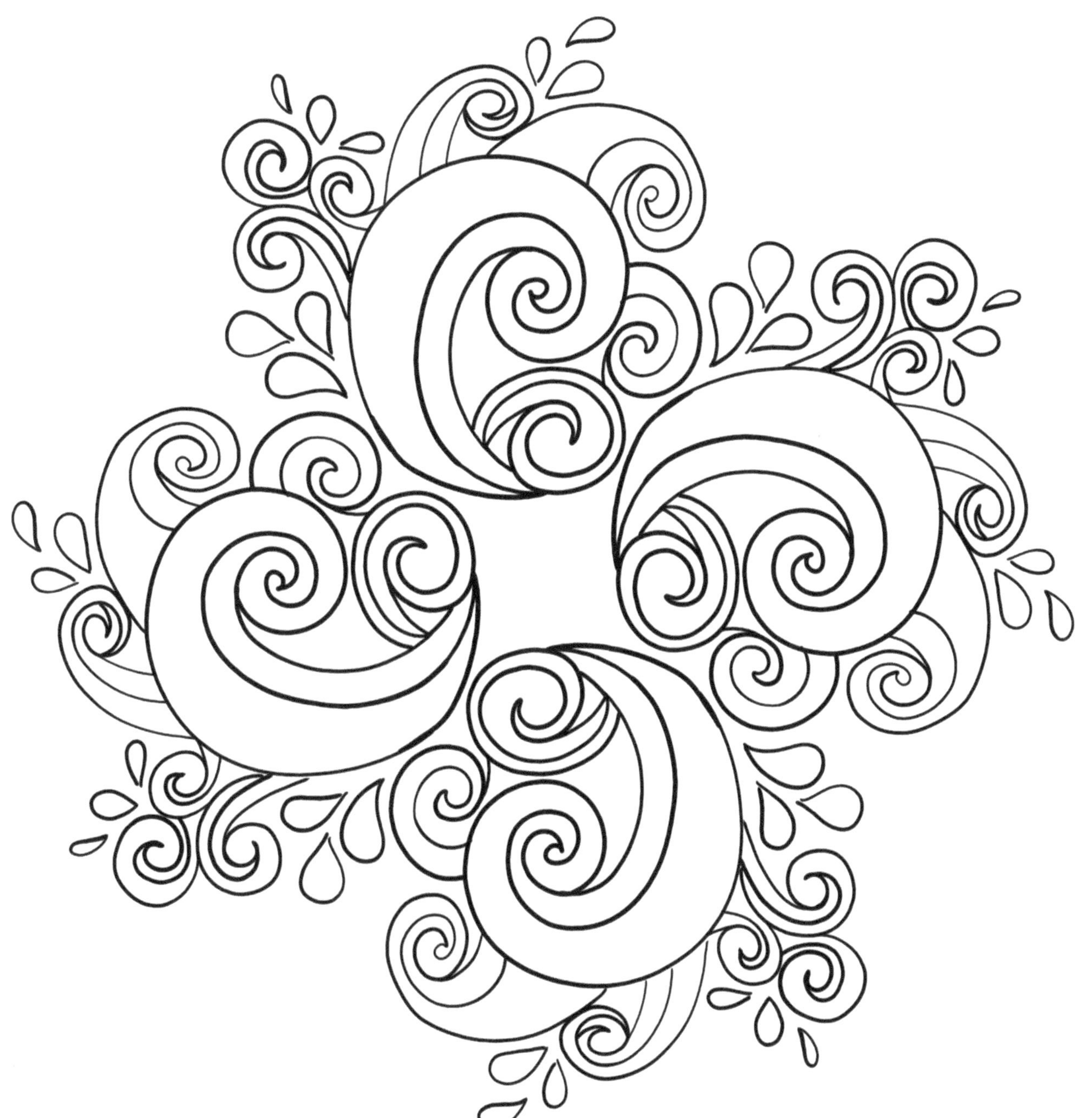

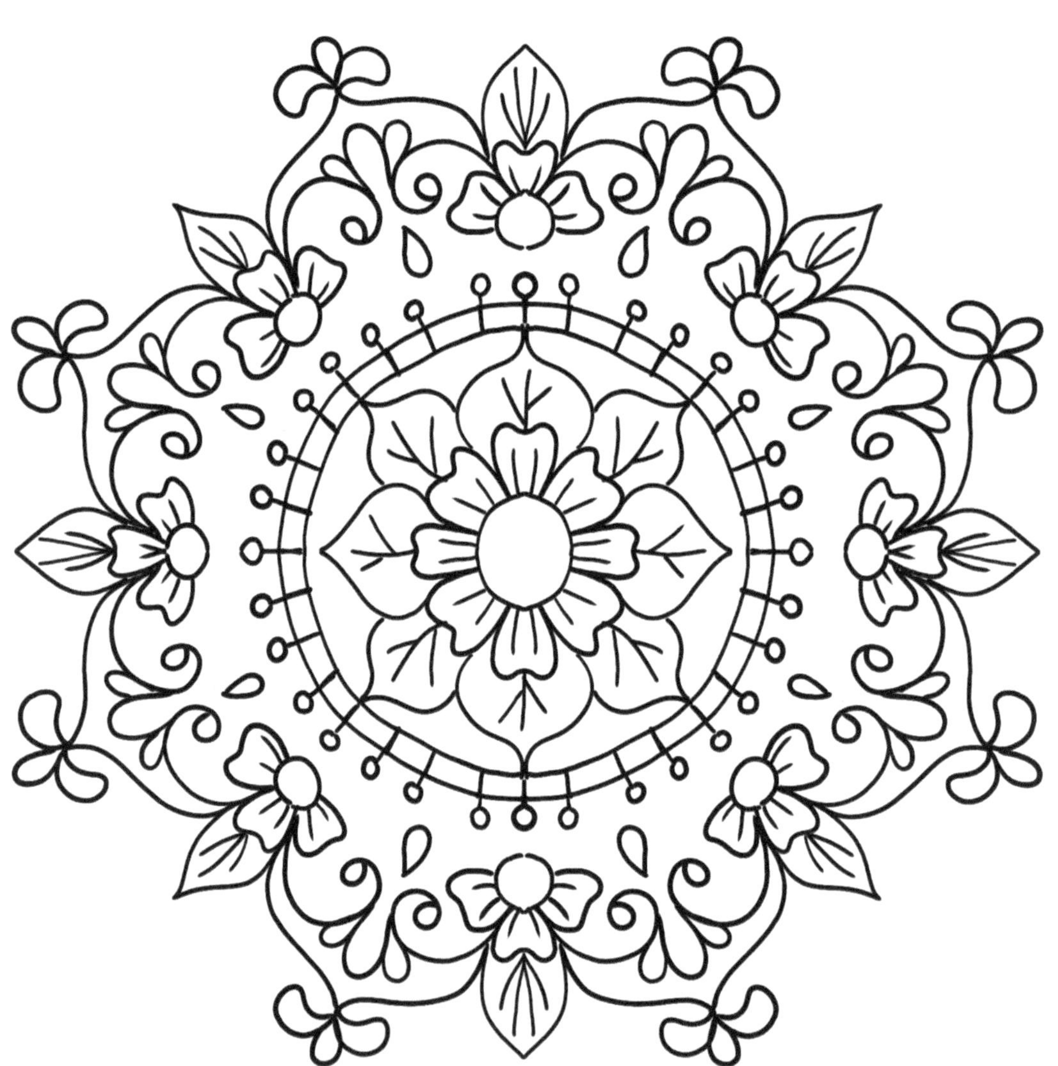

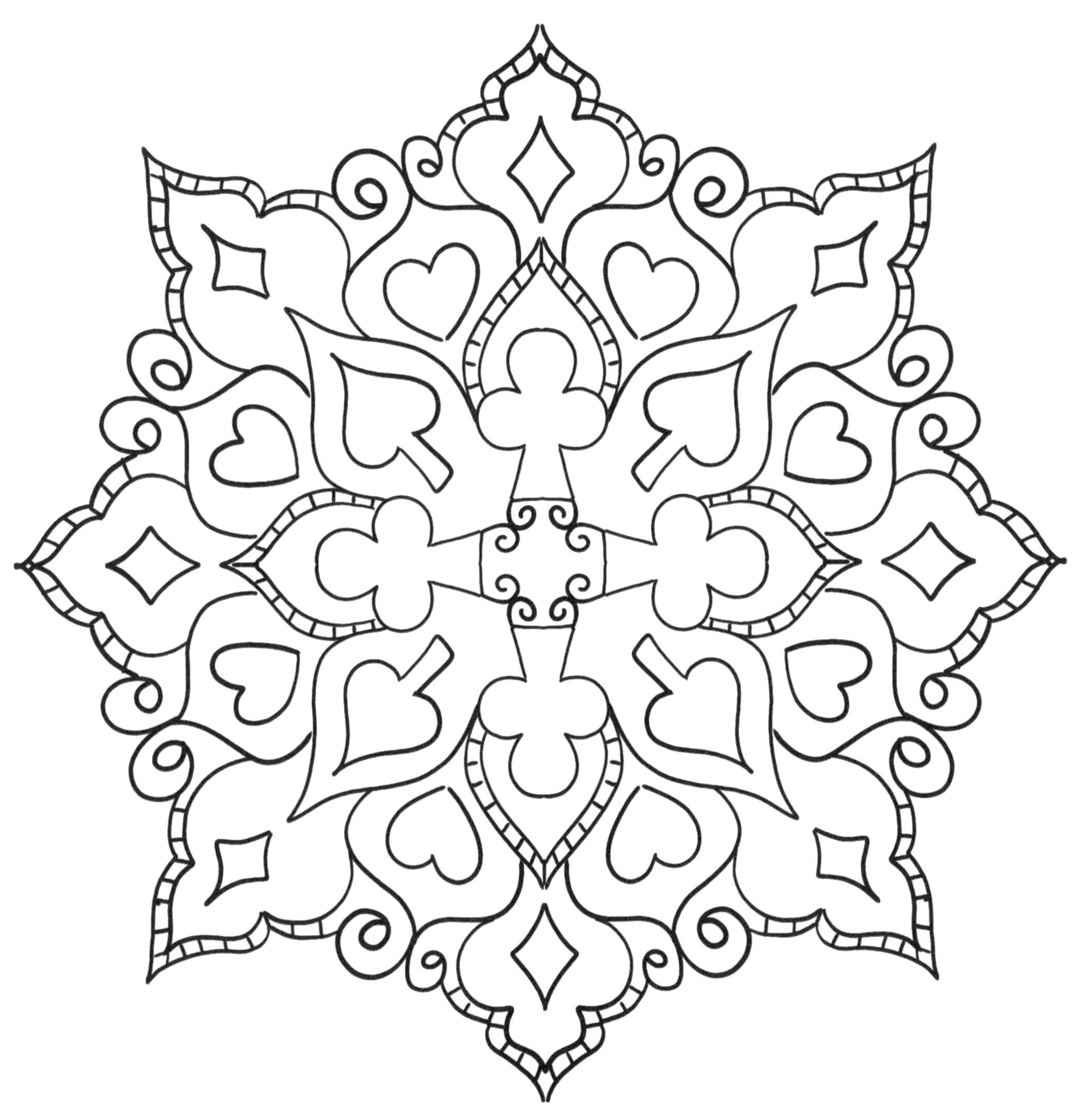

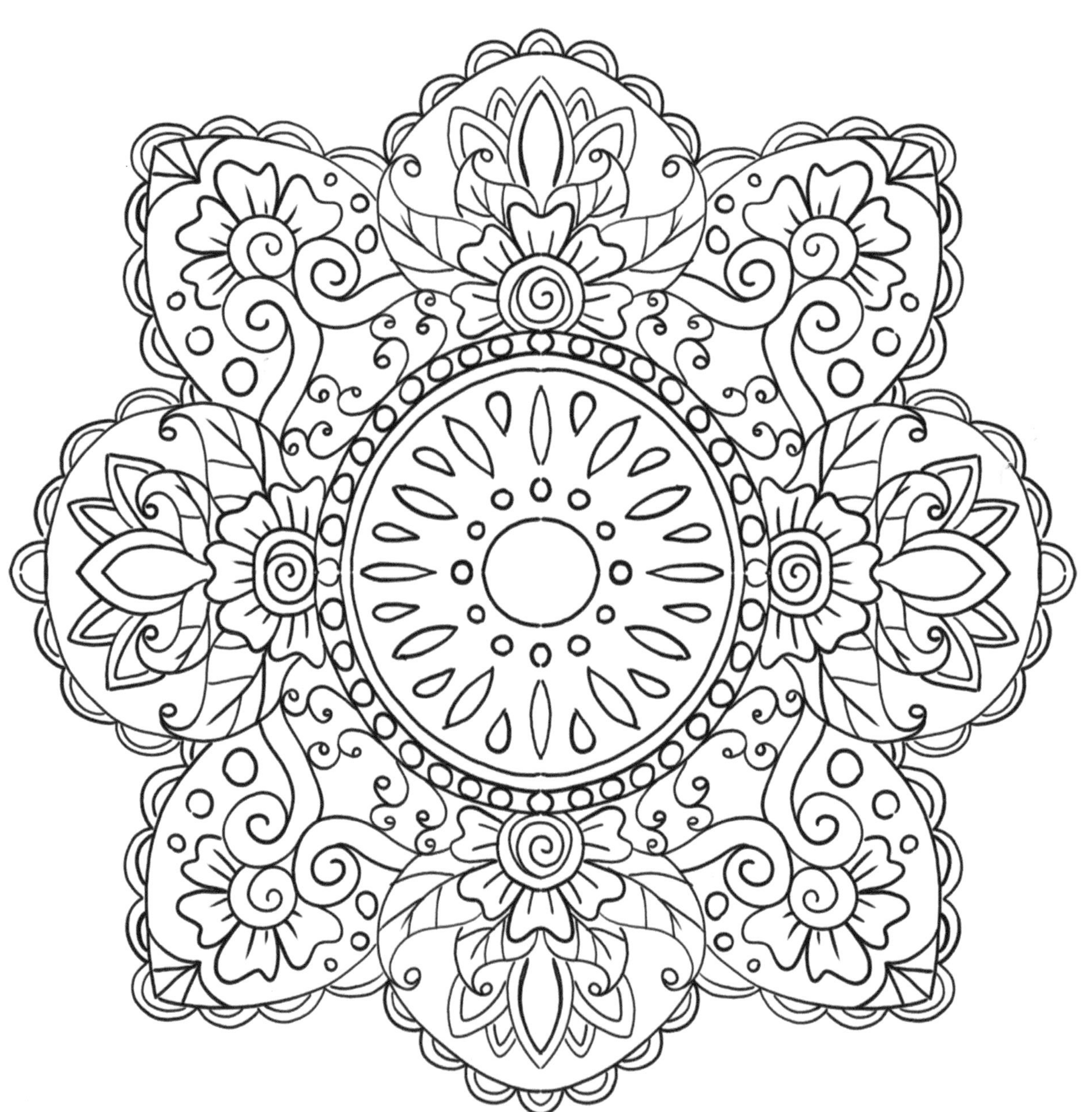

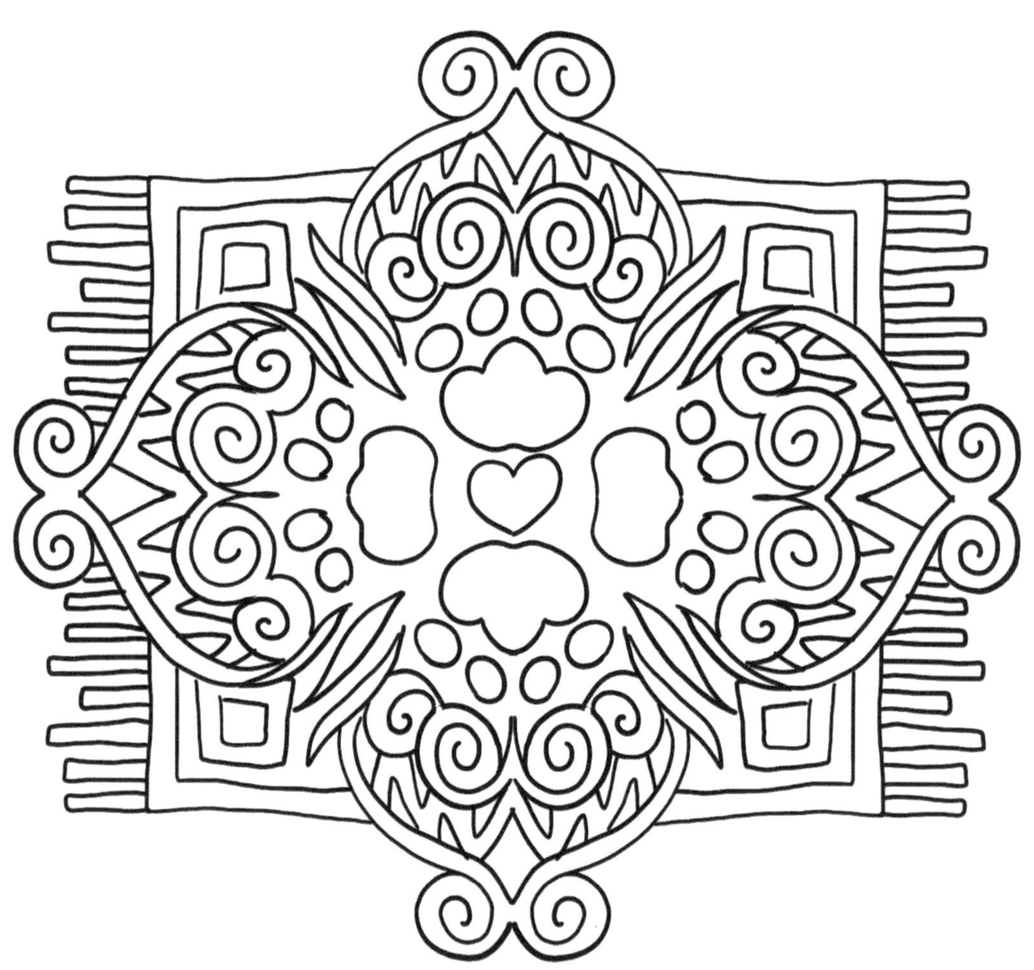

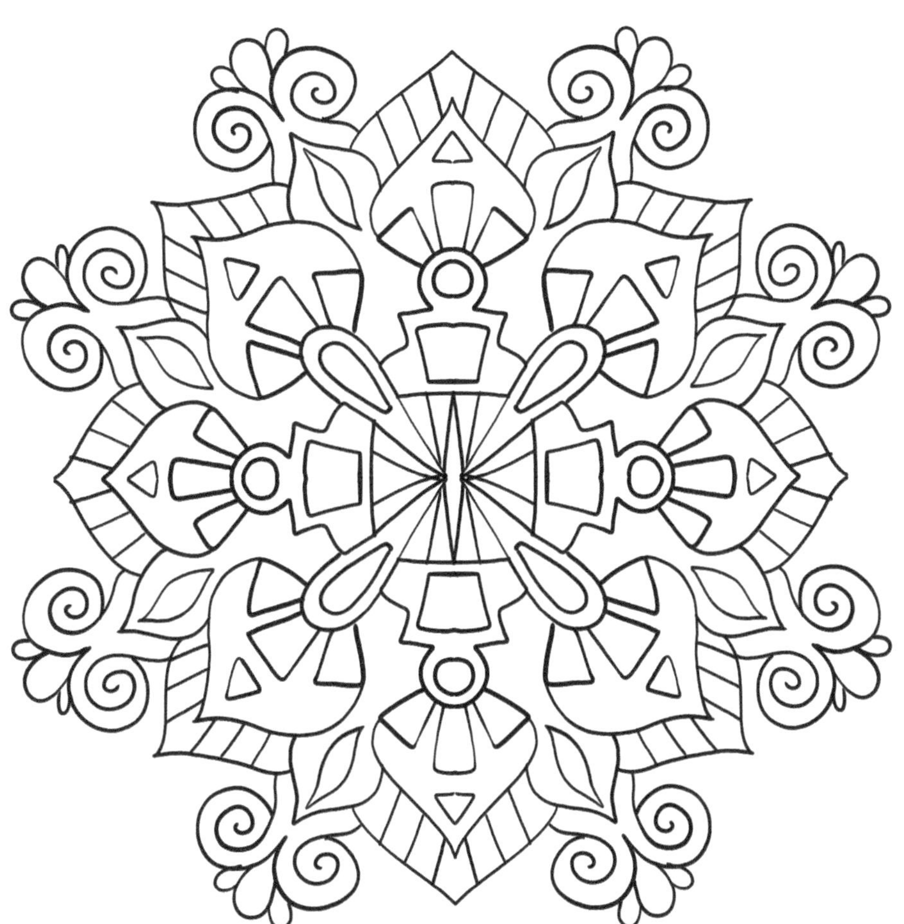

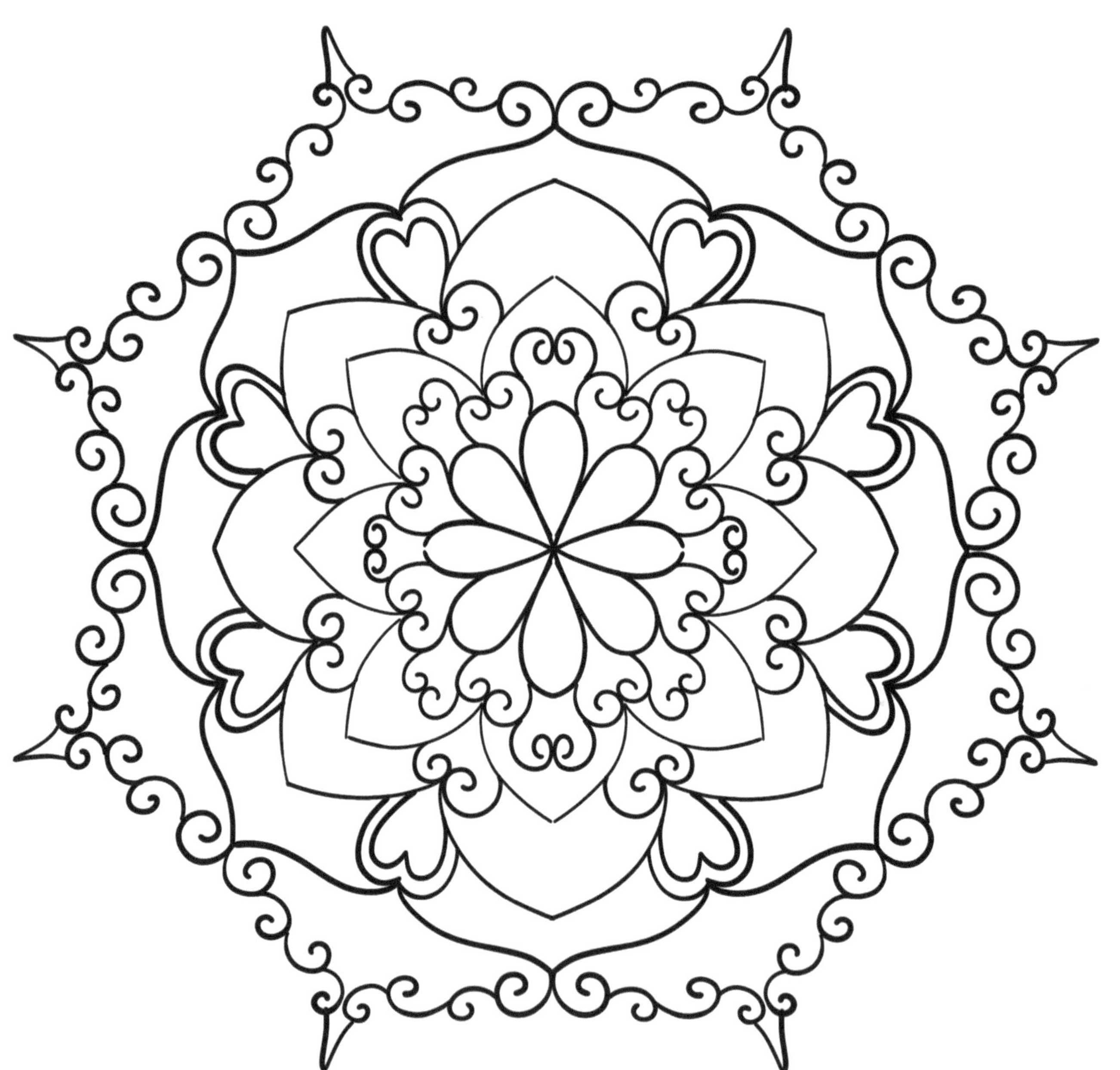

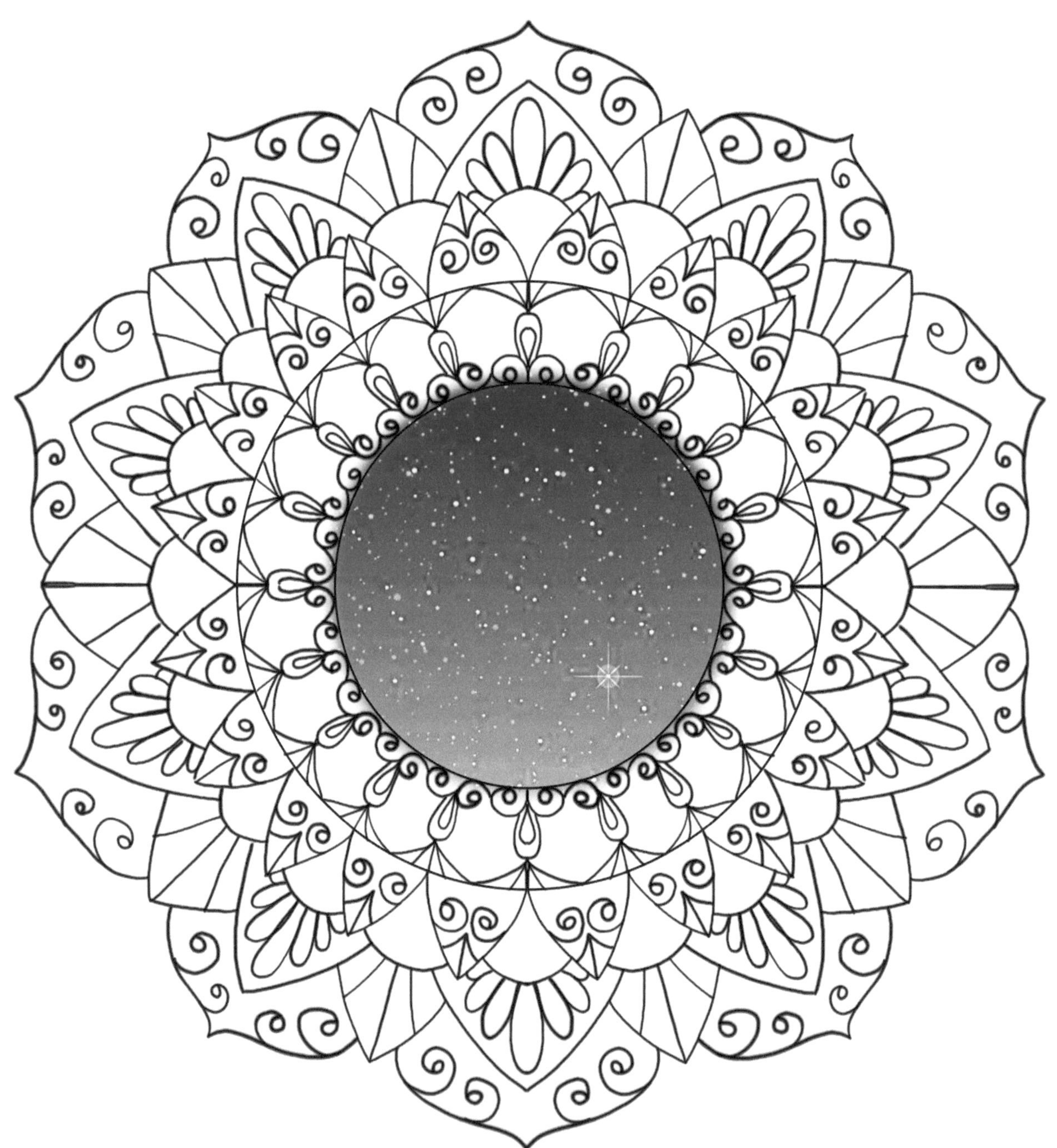

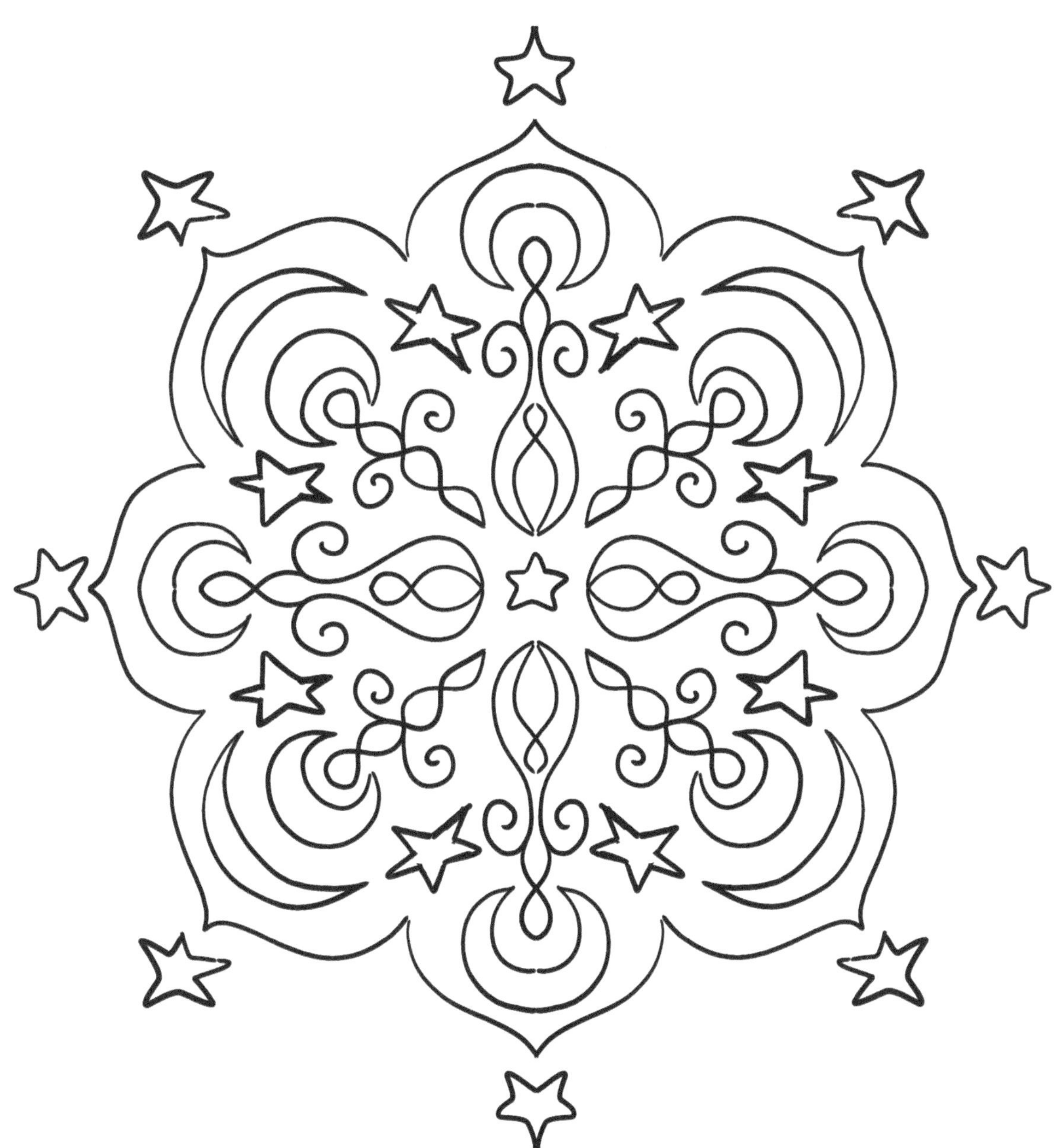

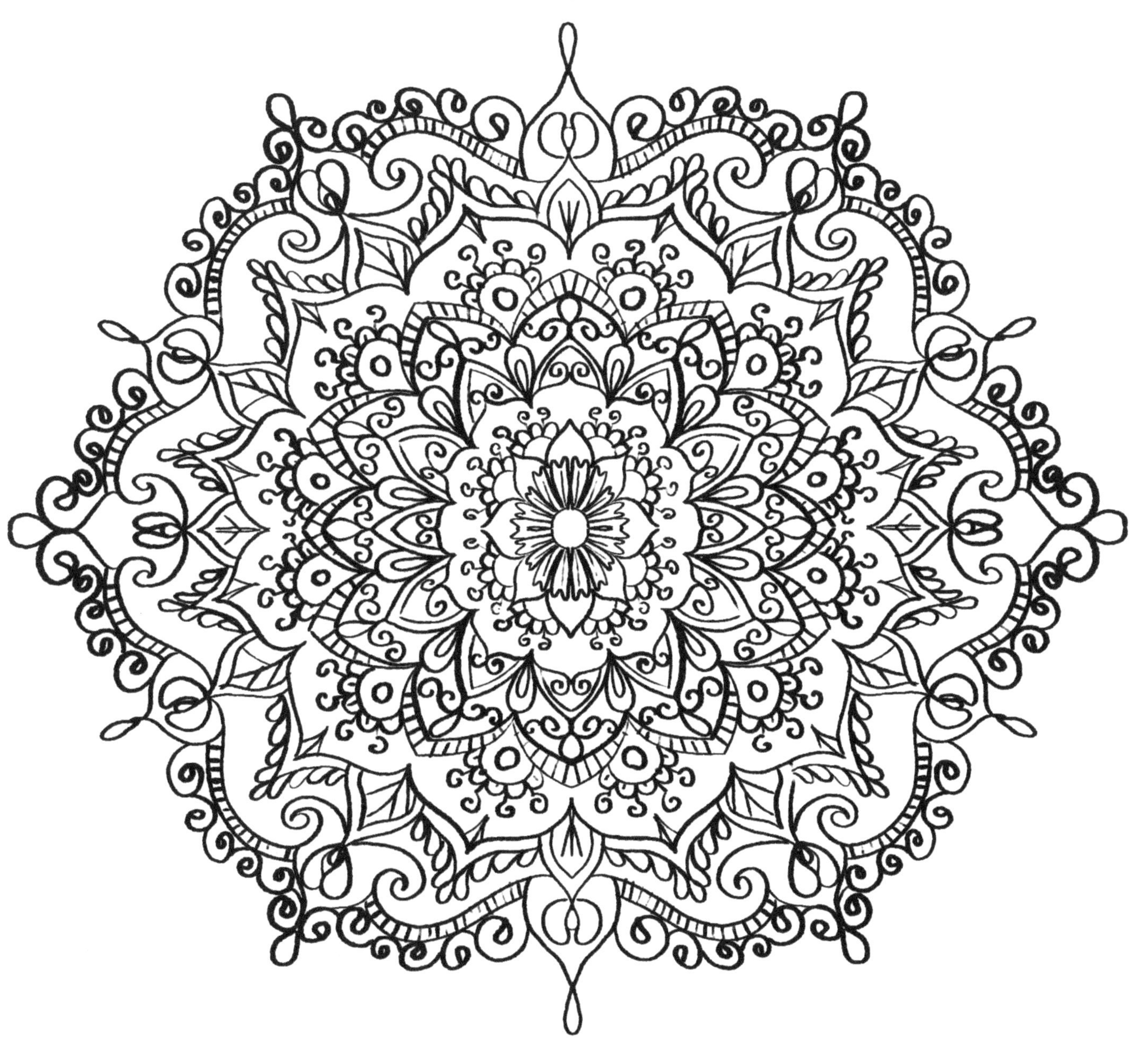

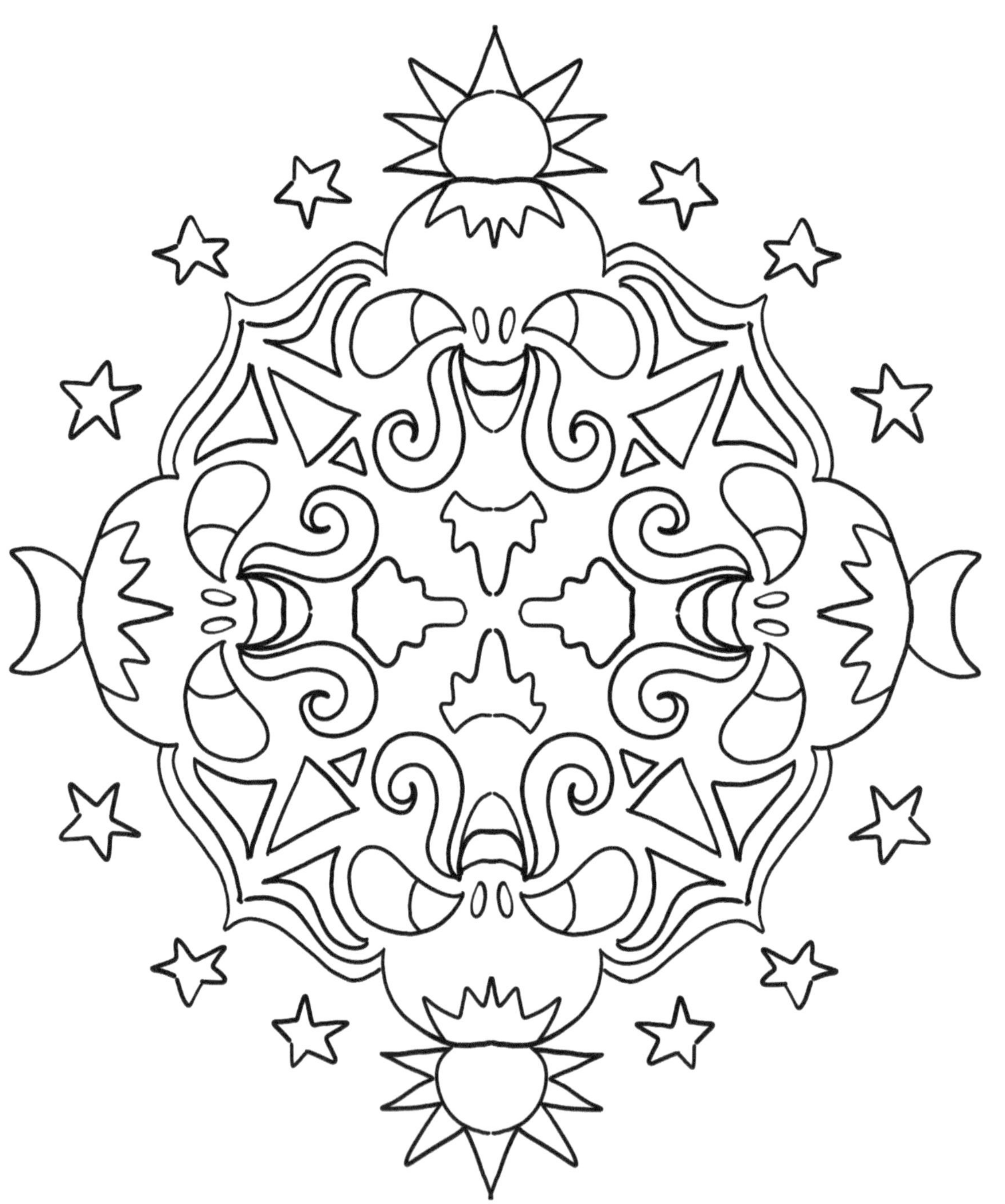

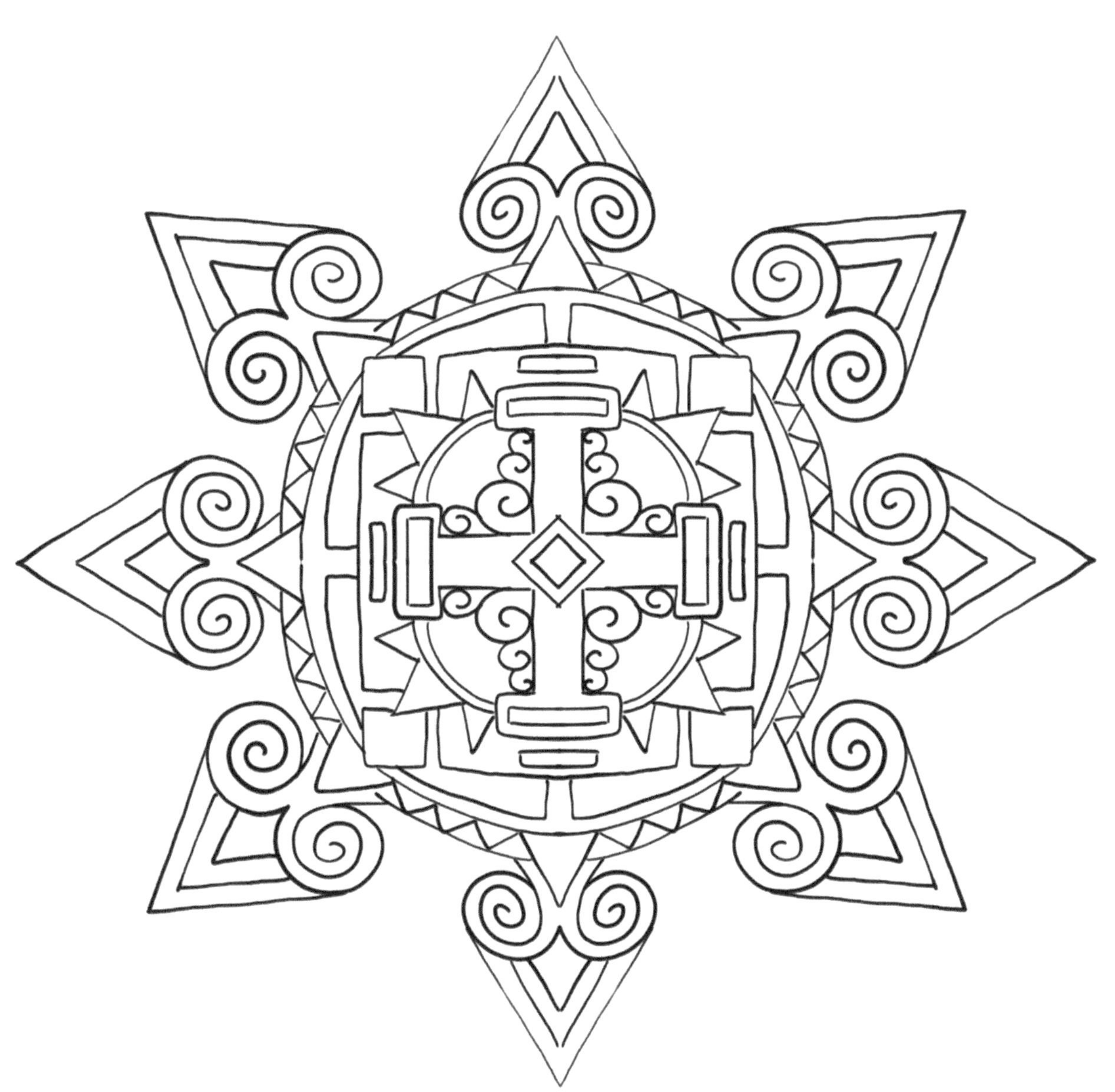

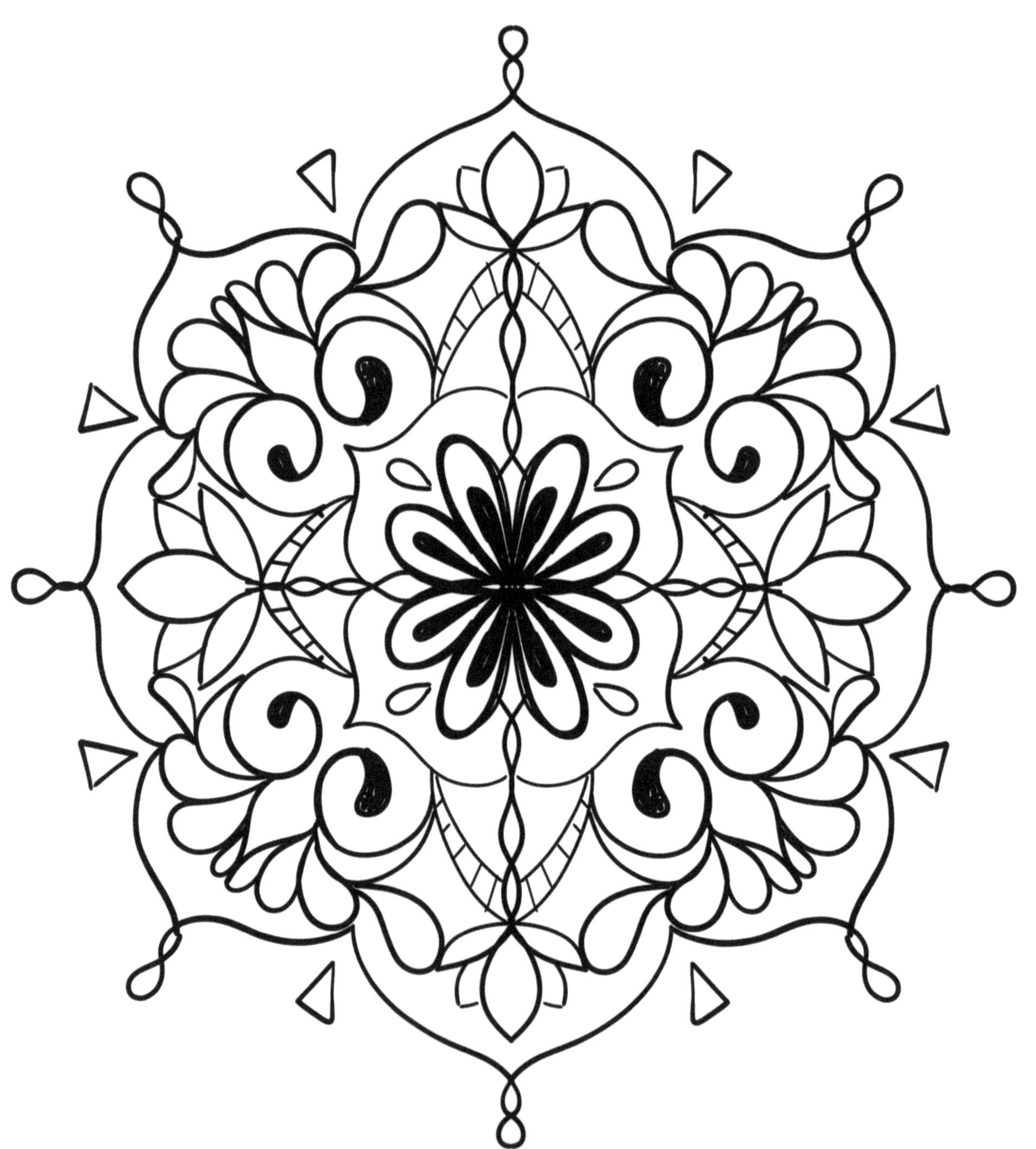

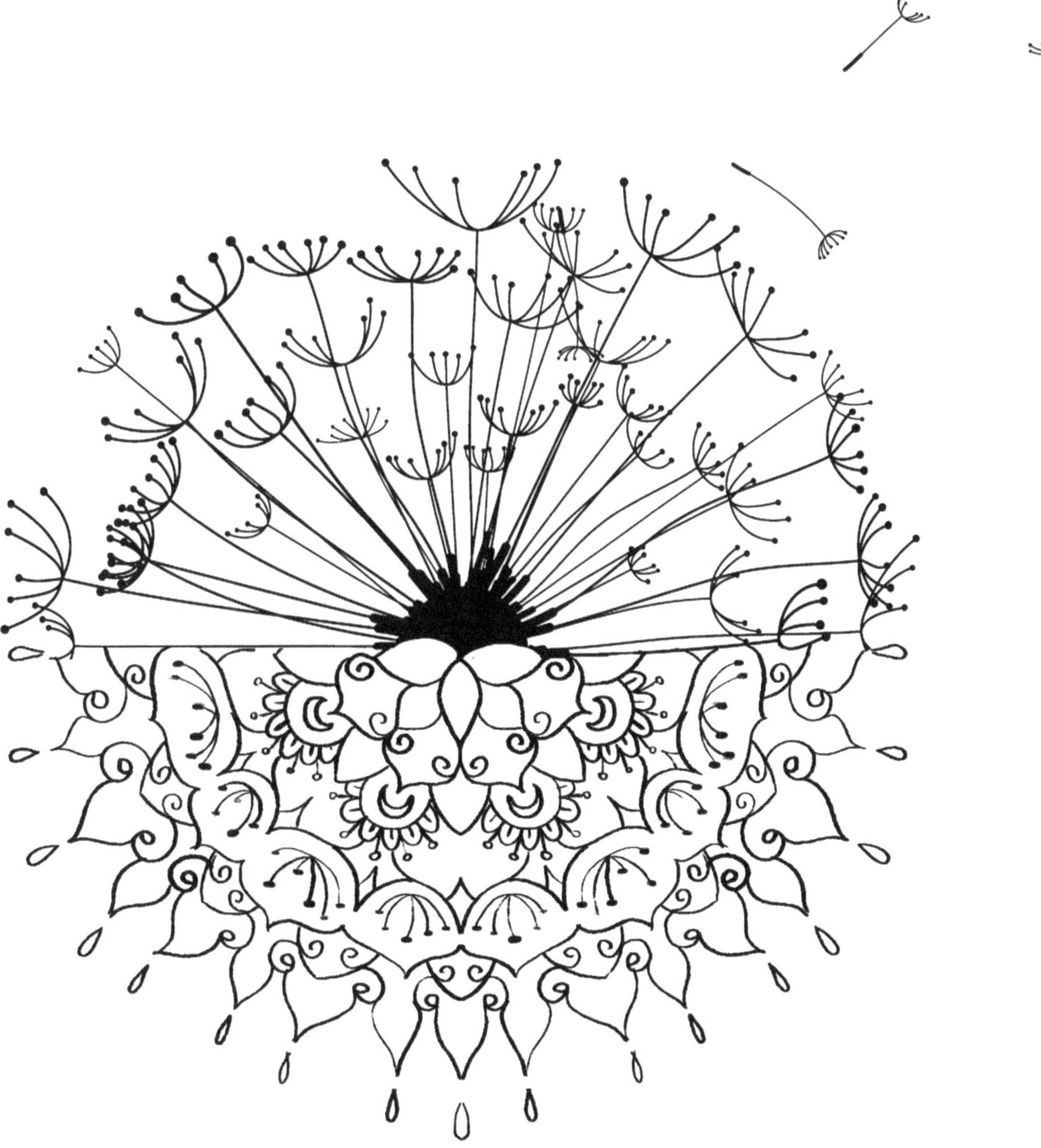

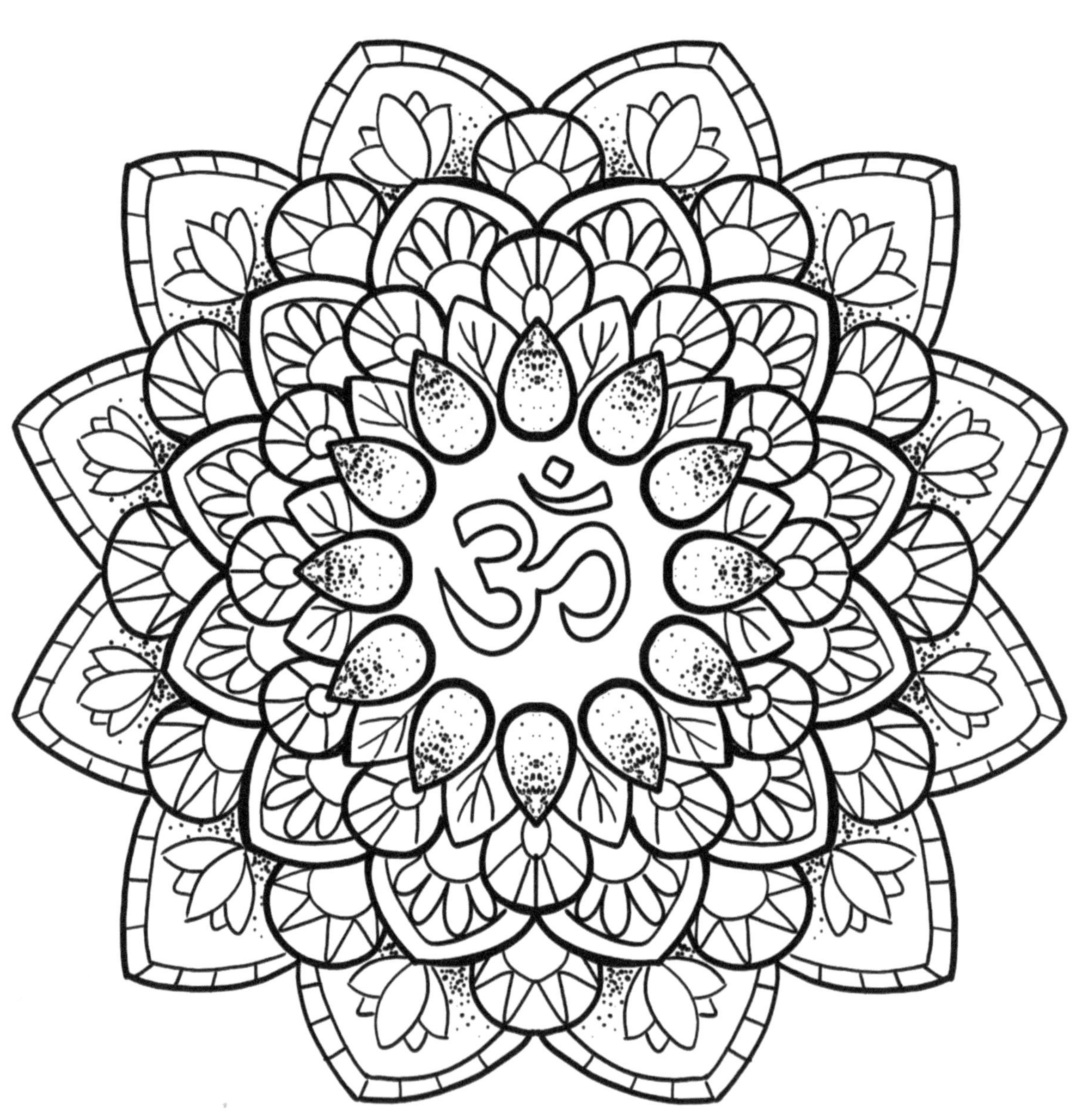

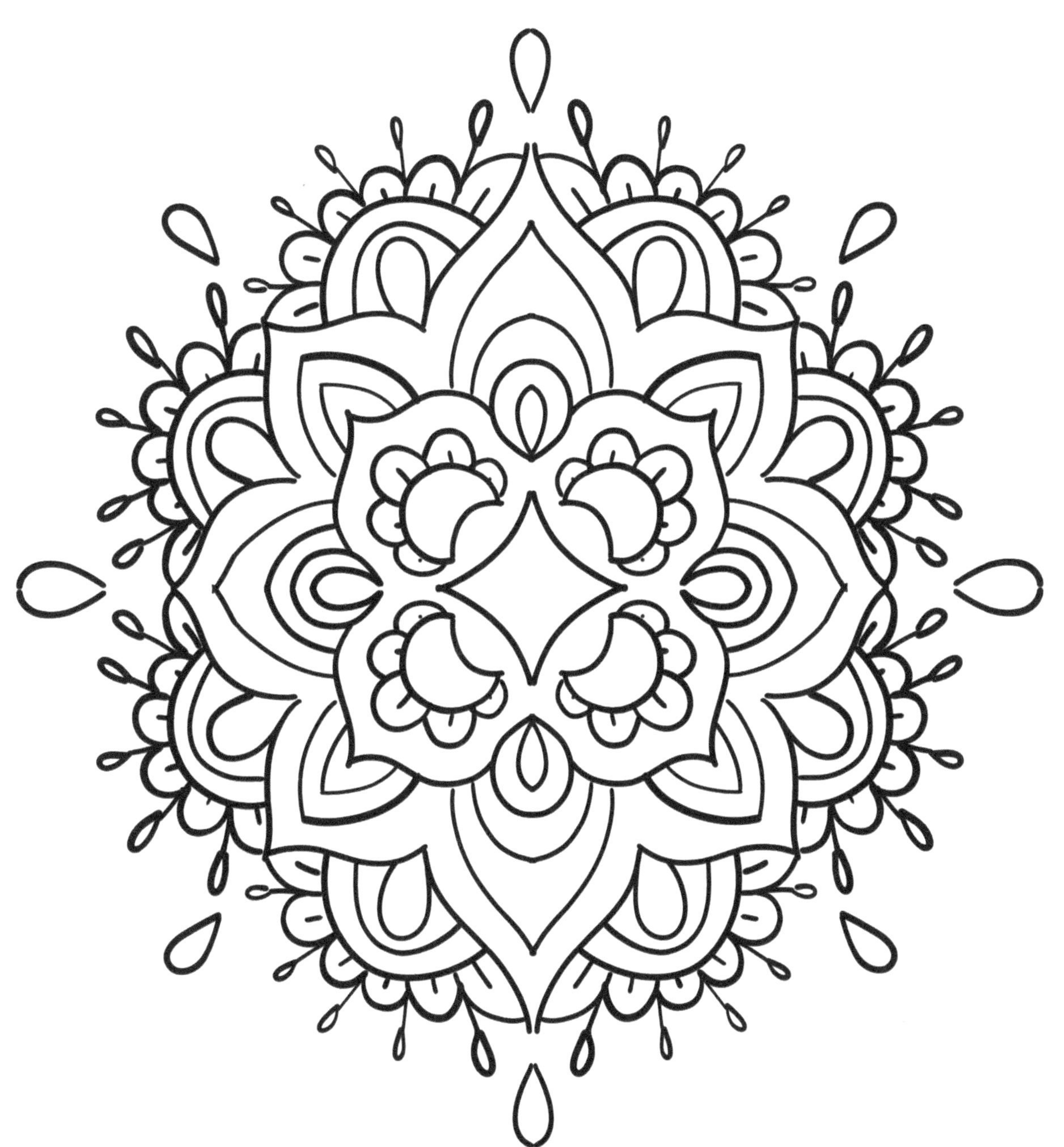

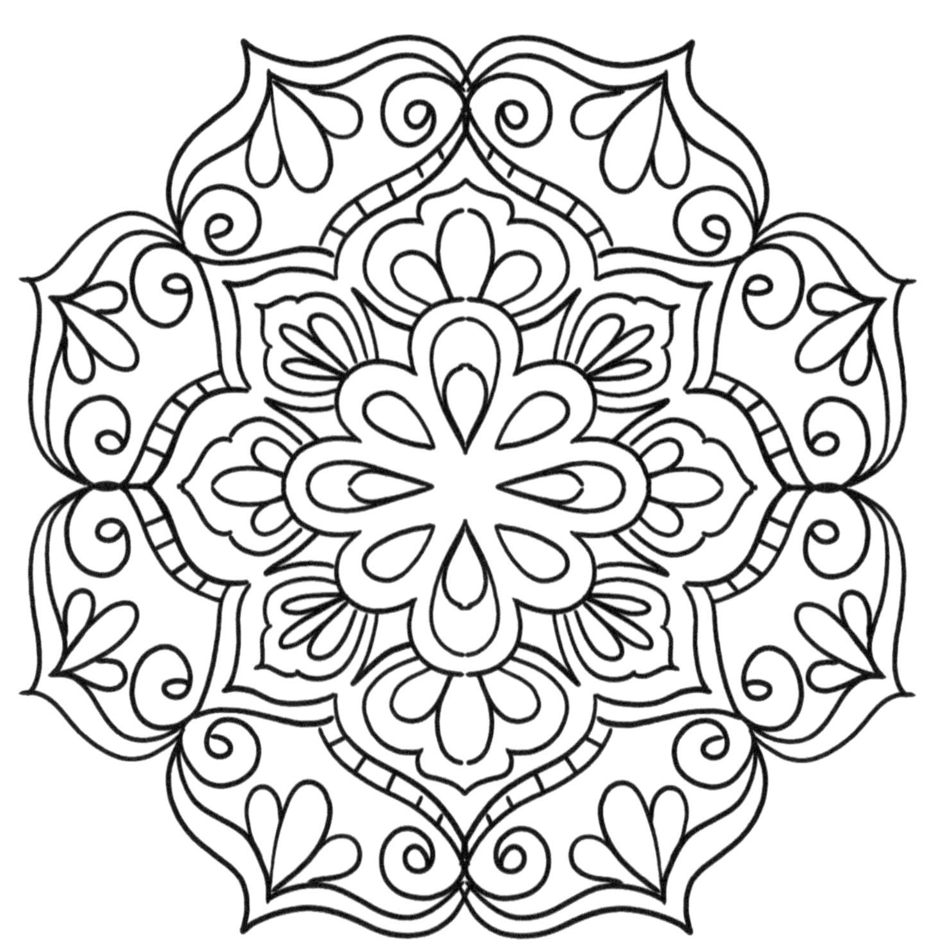

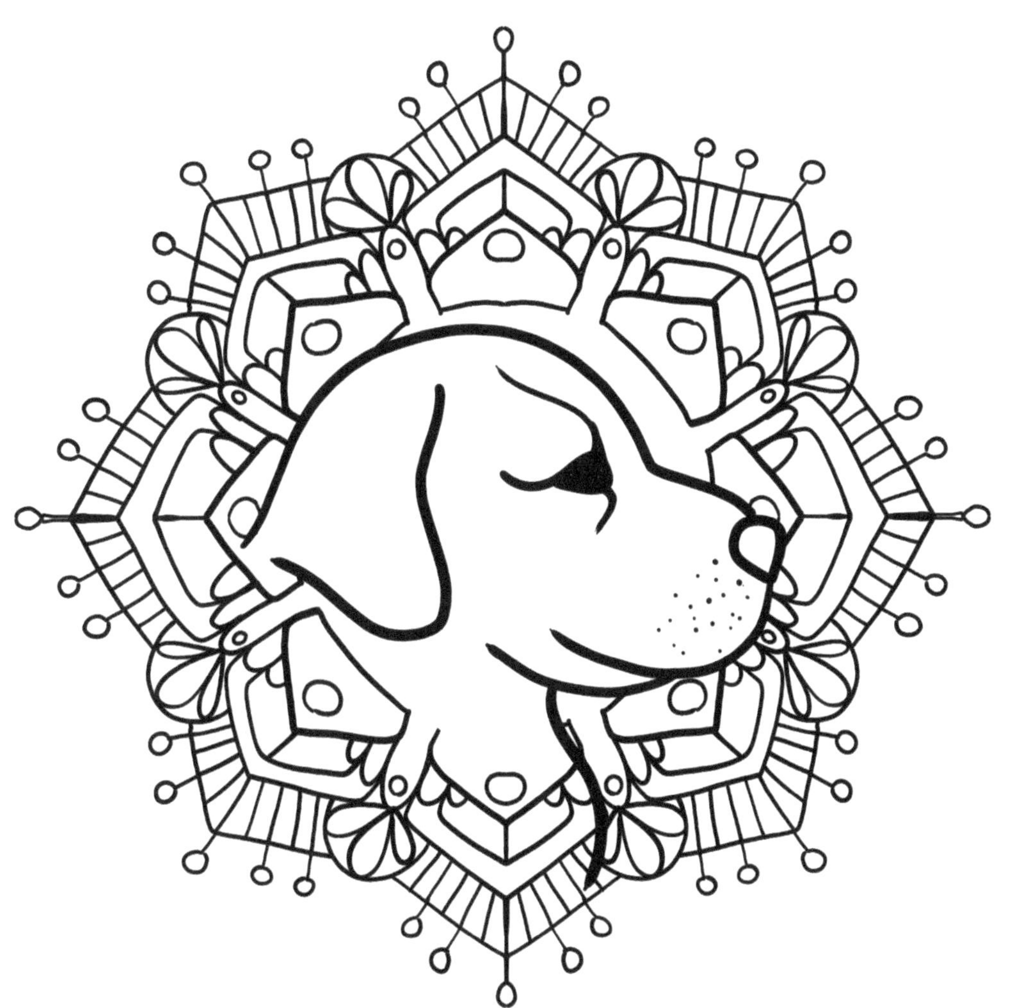

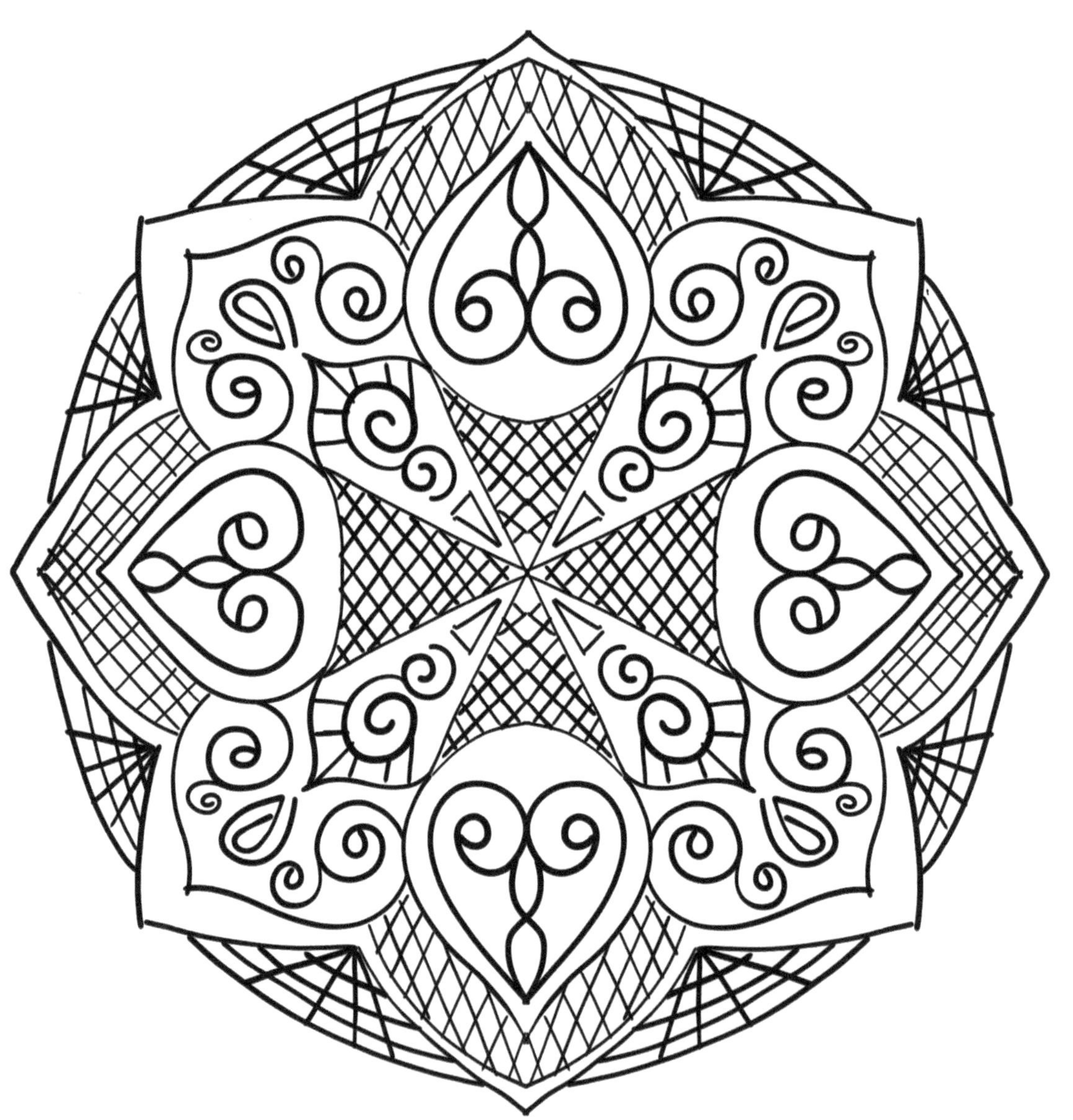

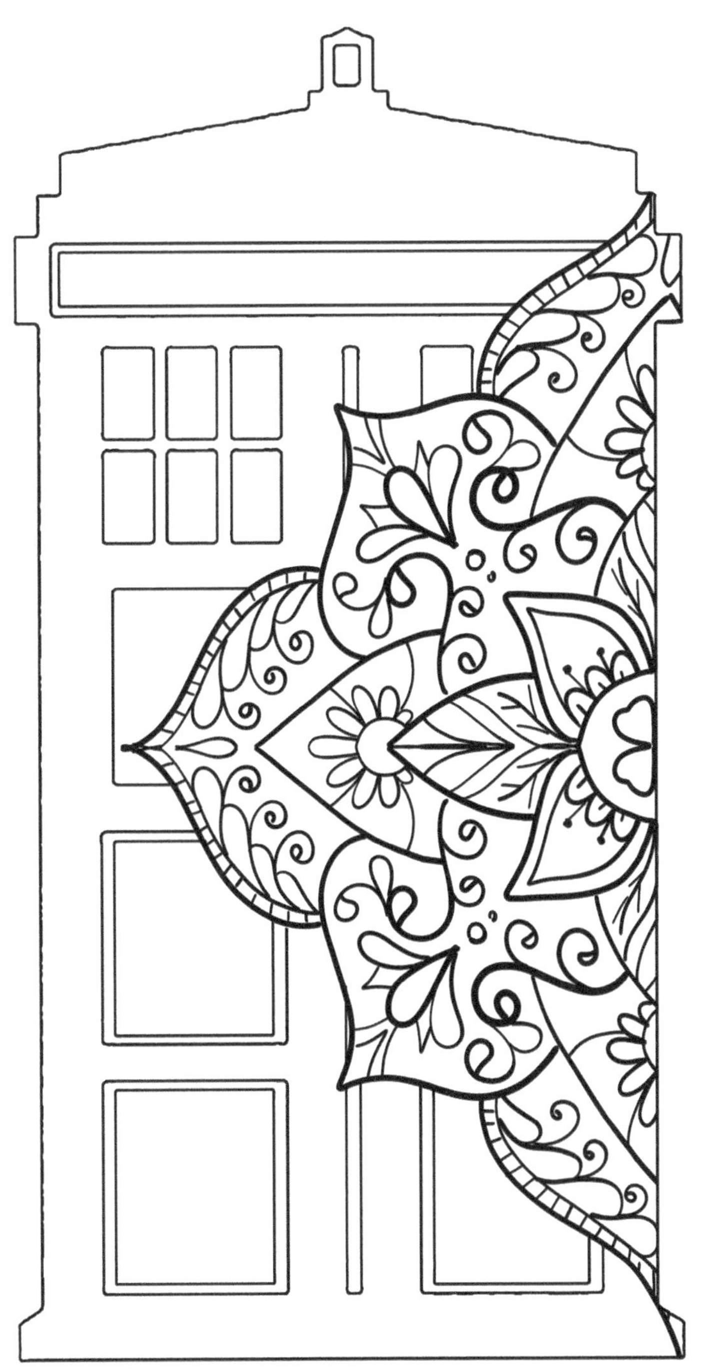

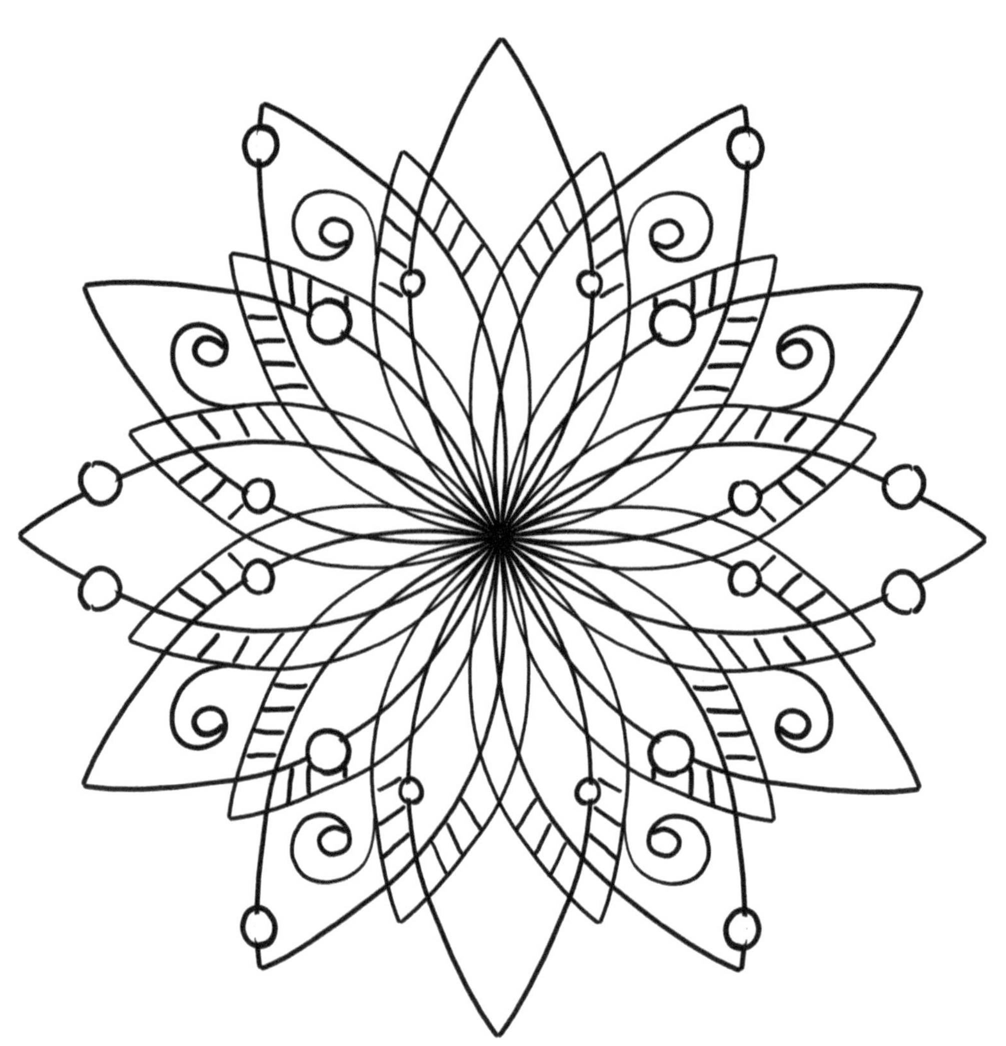

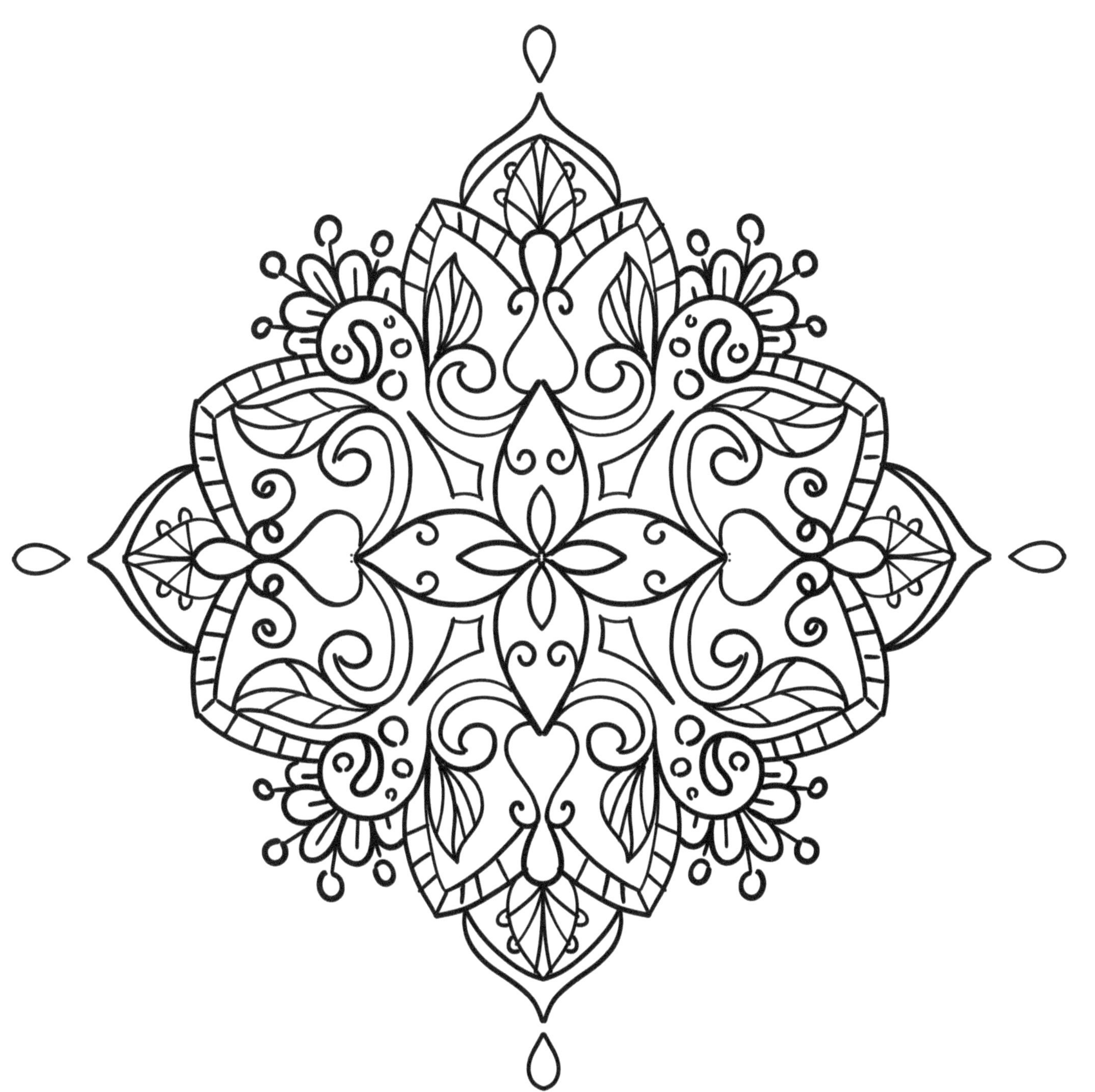

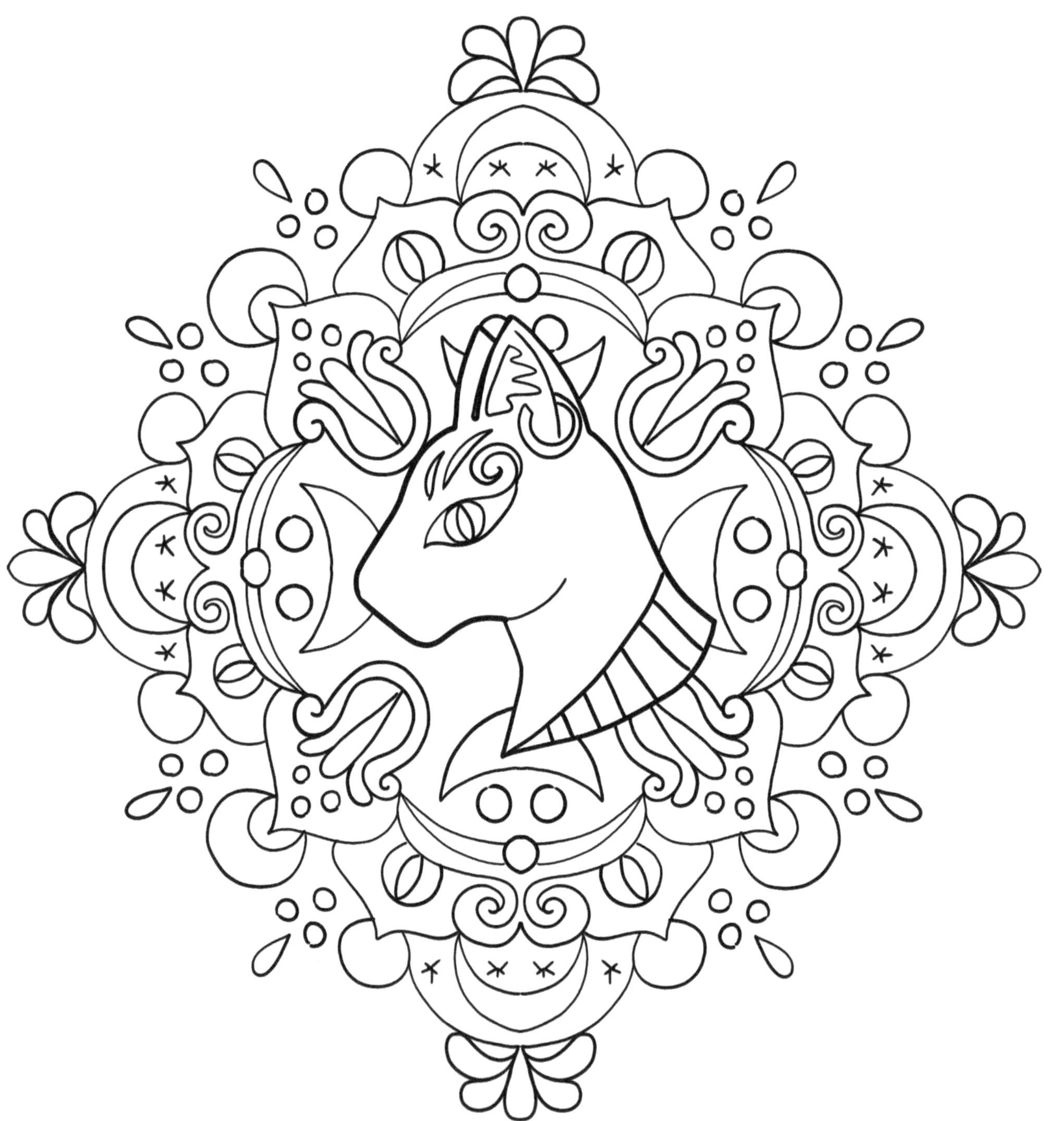

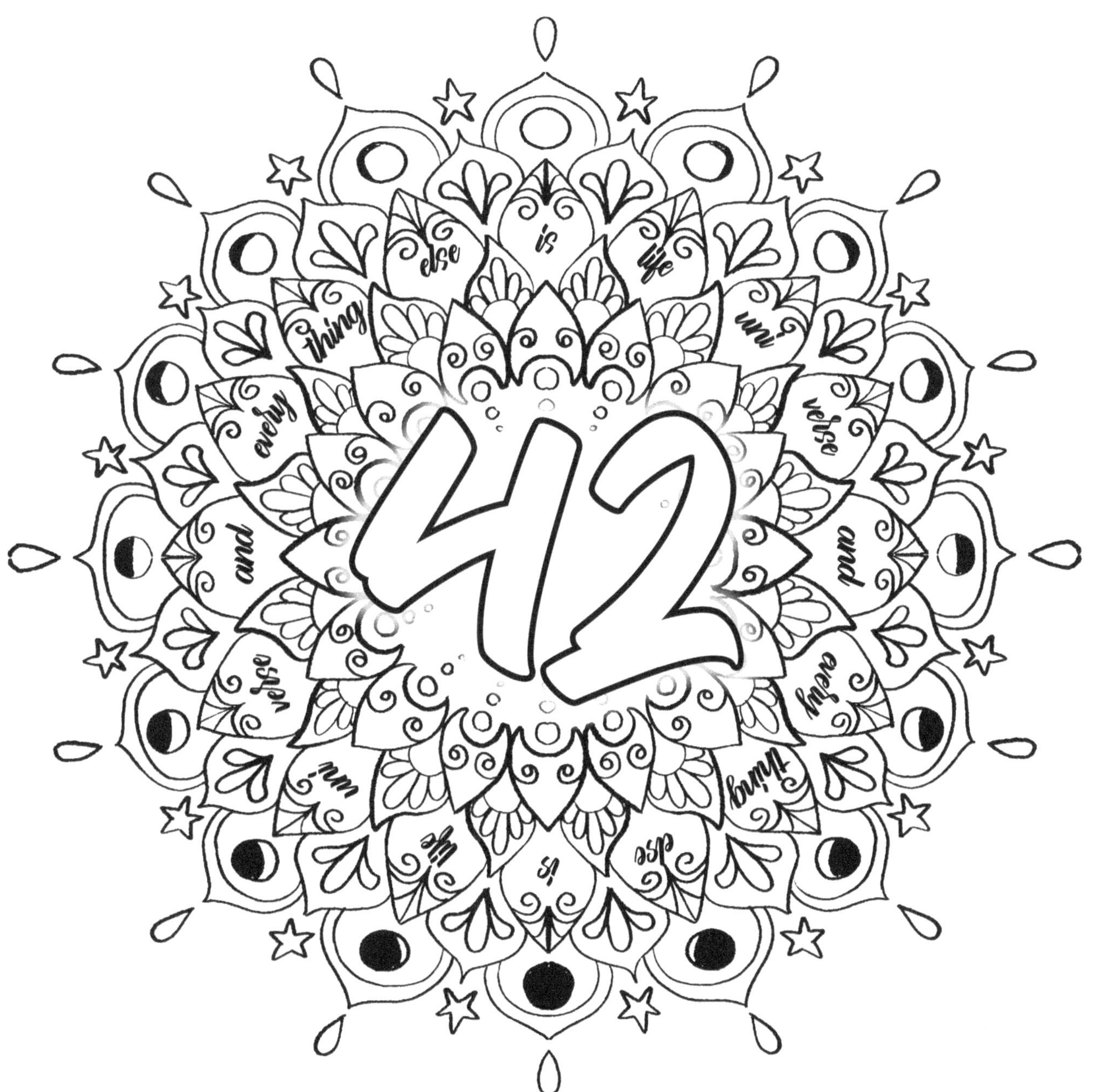

42
every
thing
else
is
the
uni
verse
and
and
every
thing
else
is
the
uni
verse

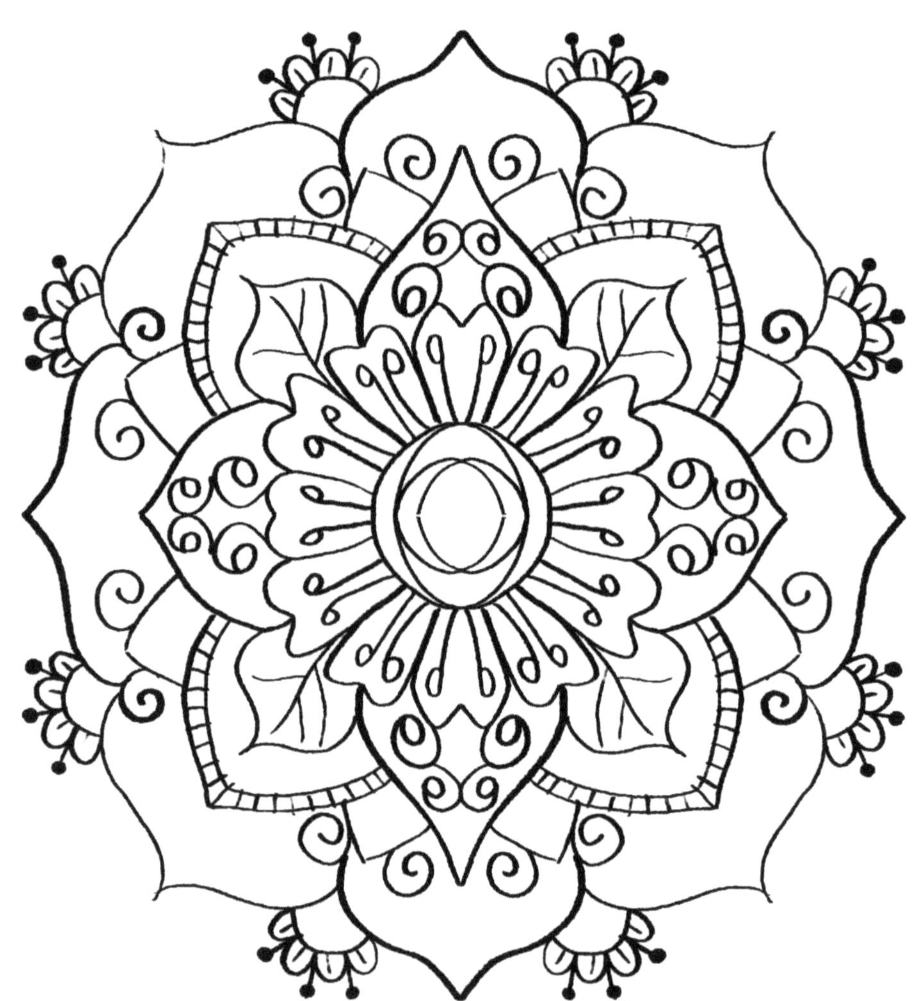

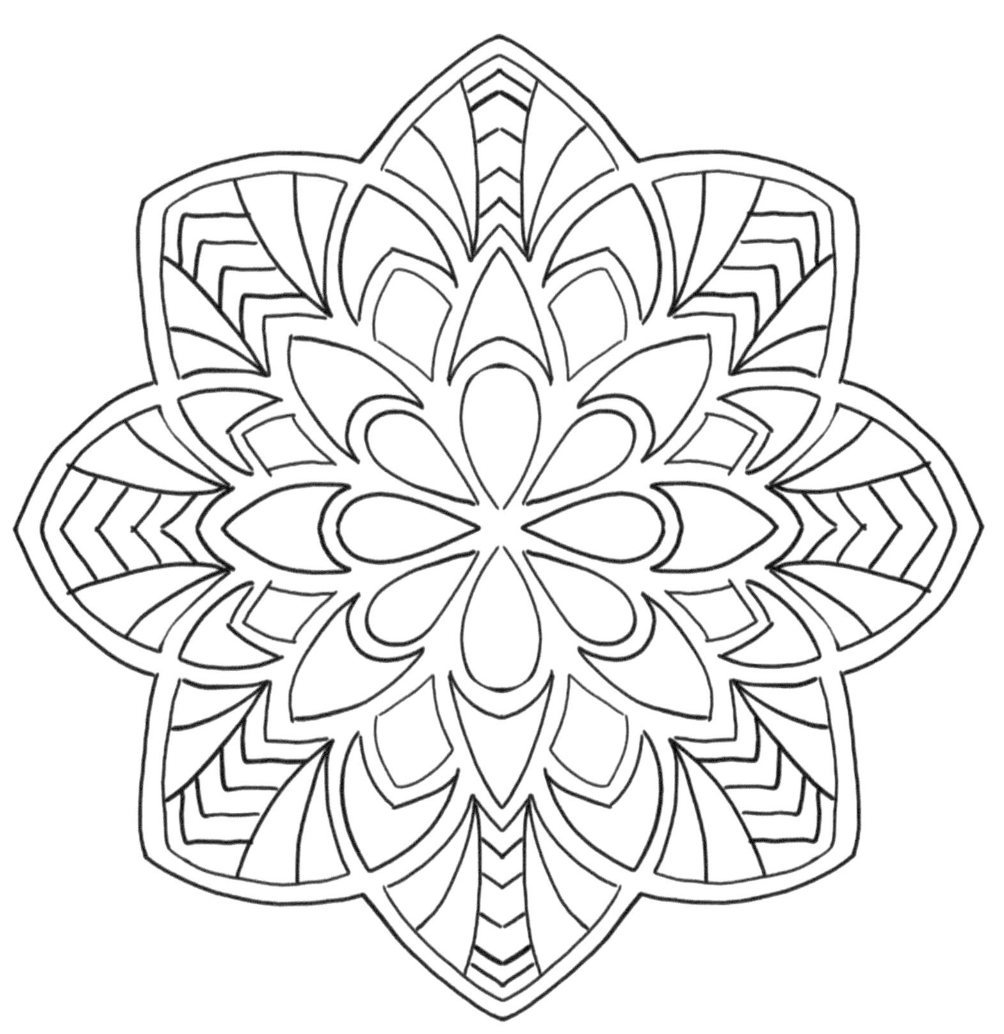

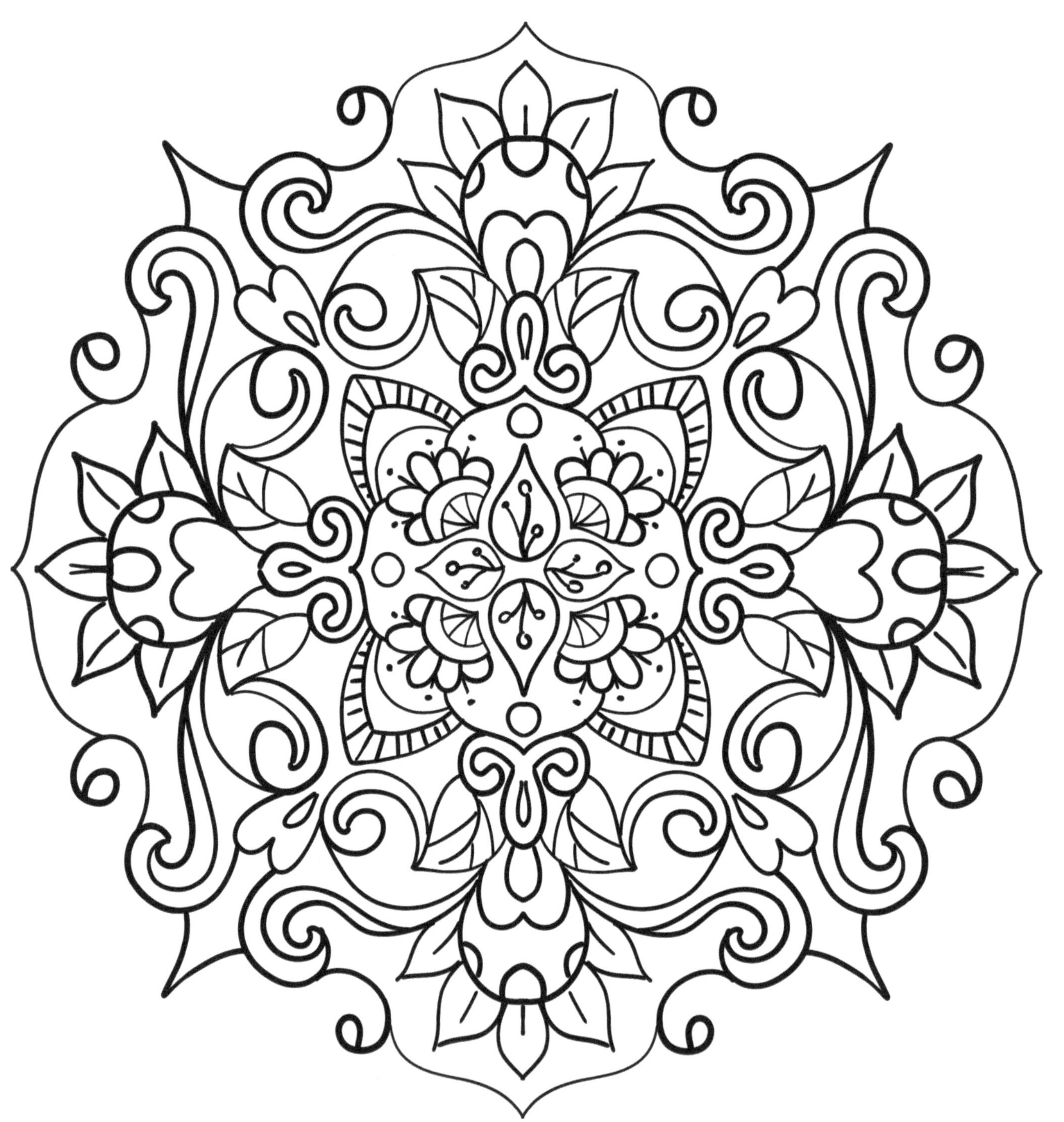

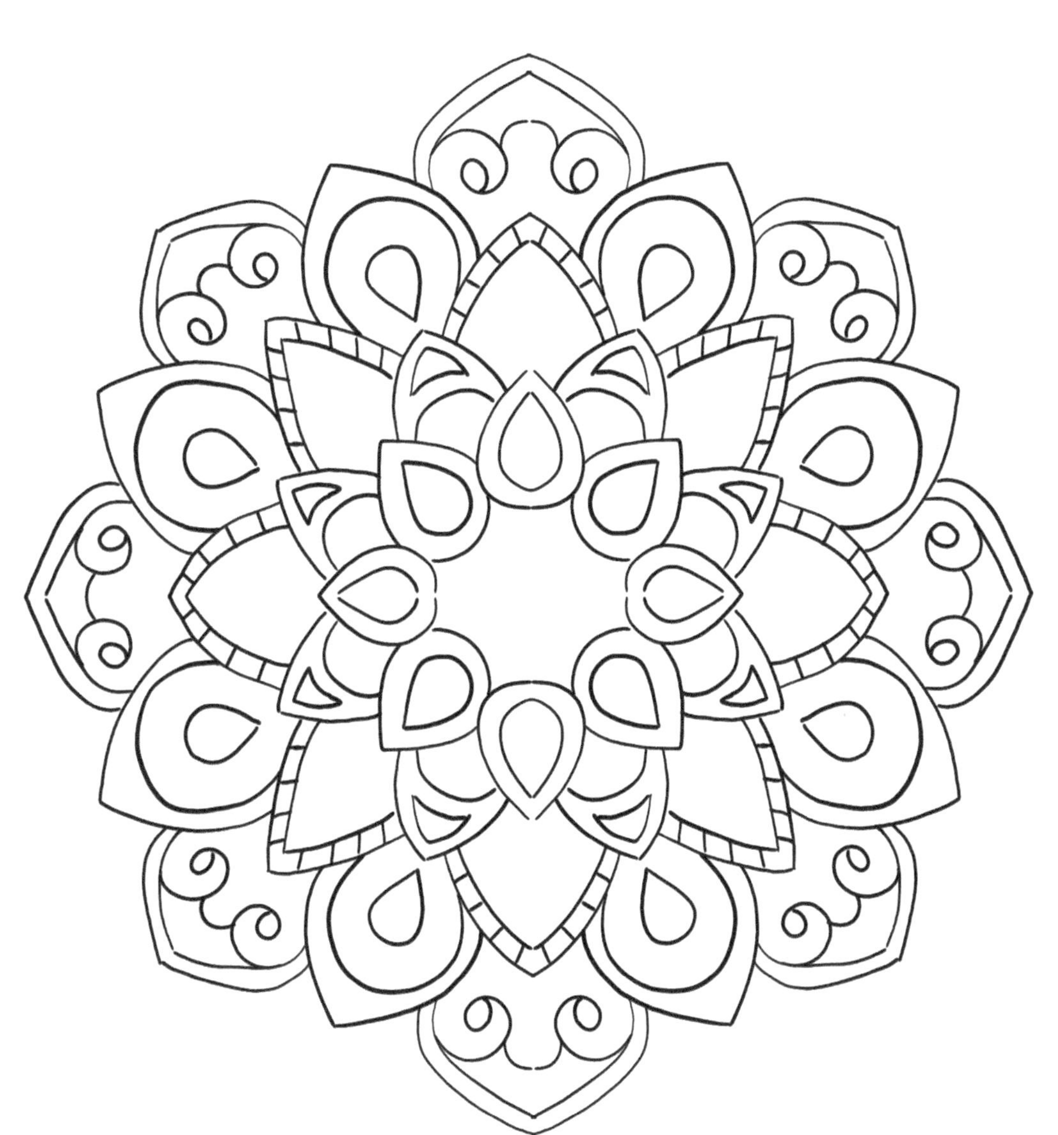

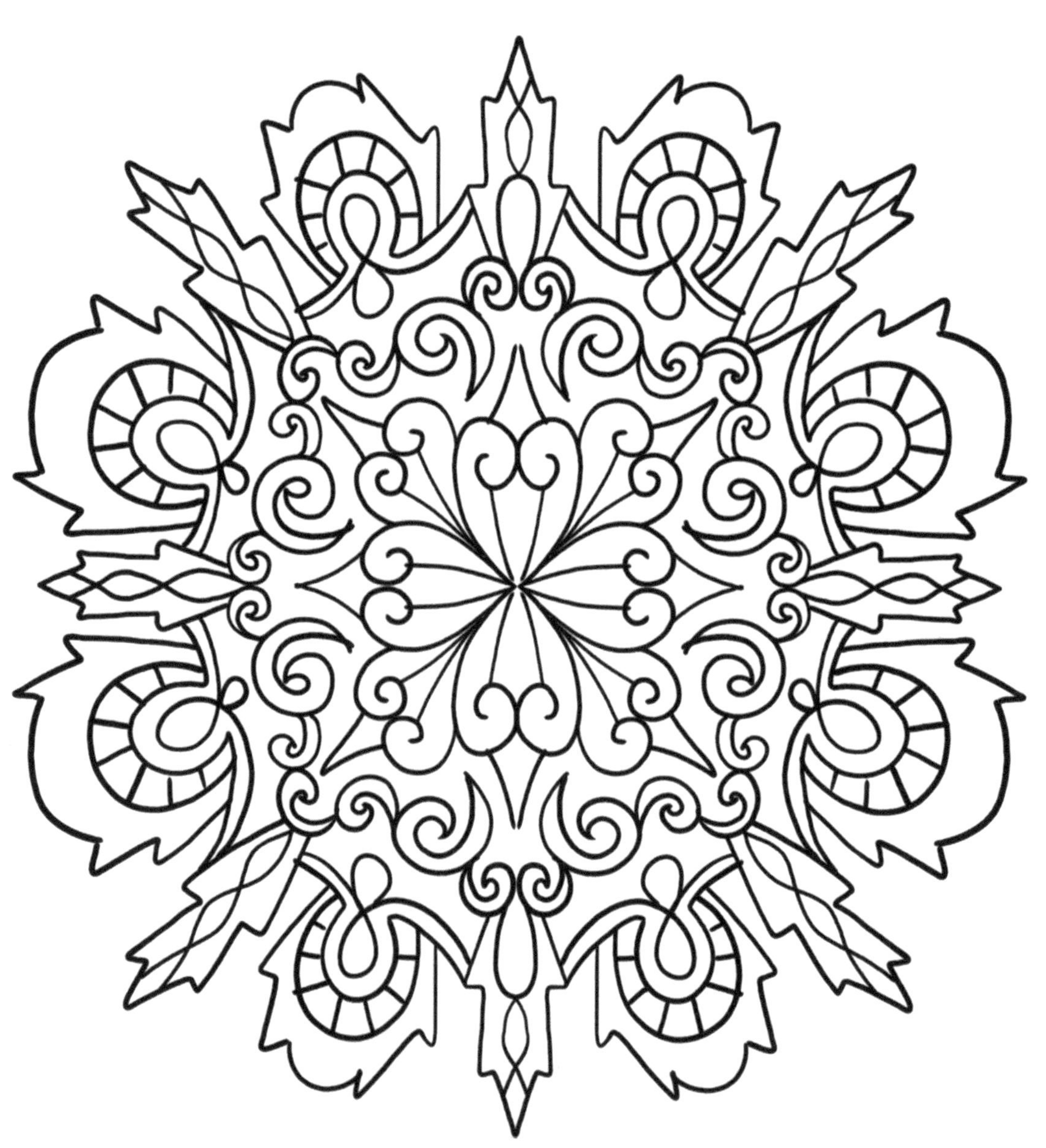

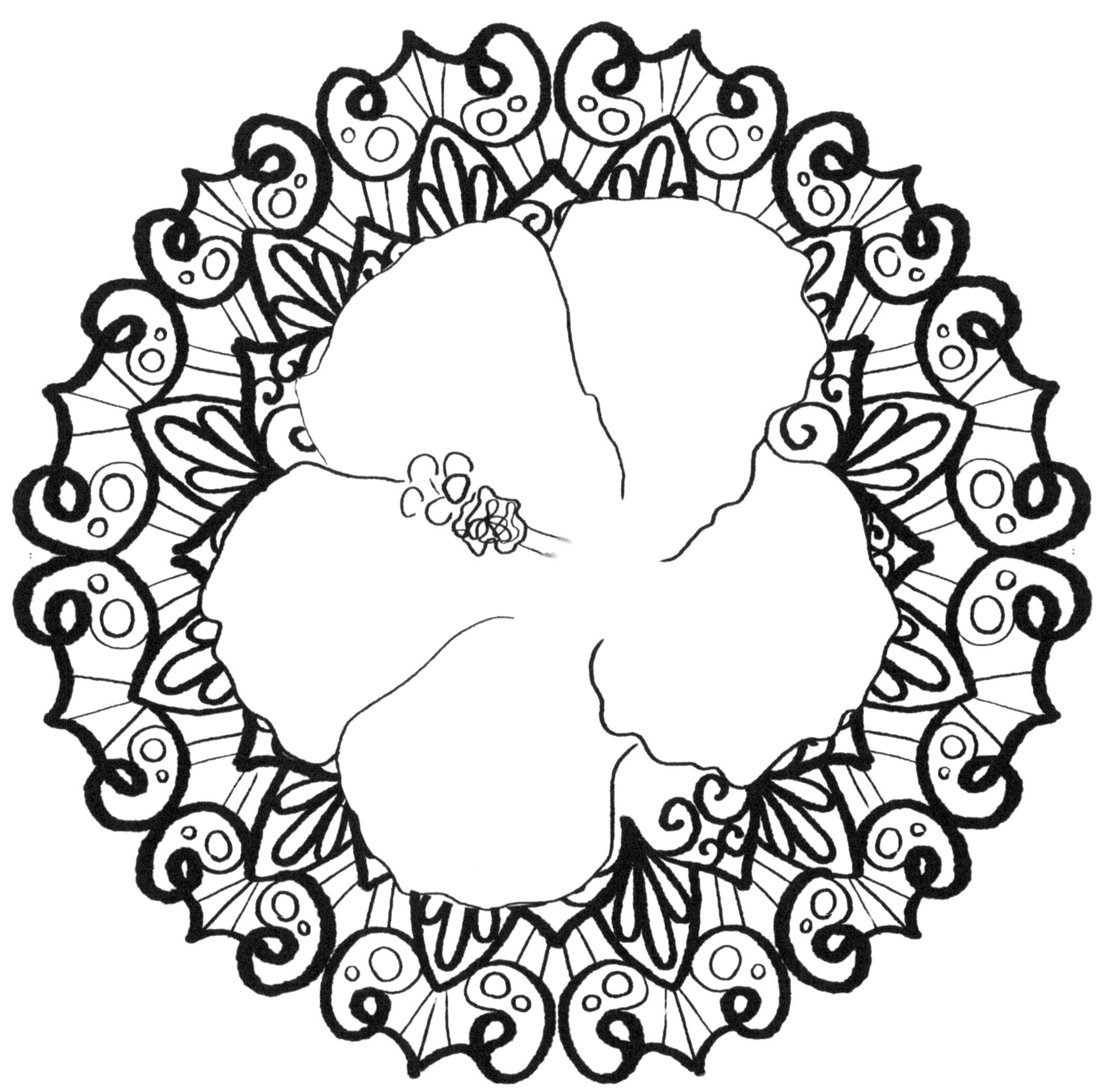

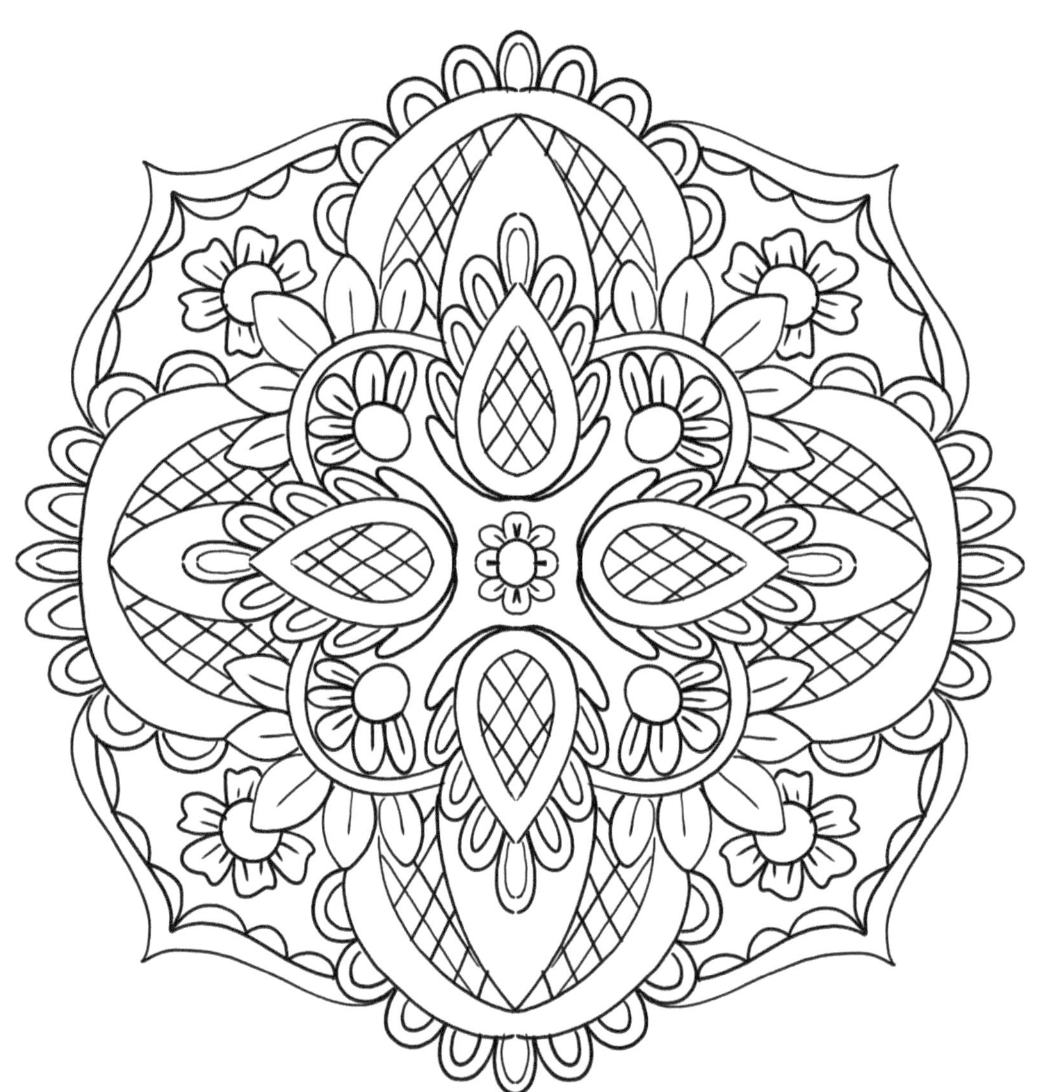

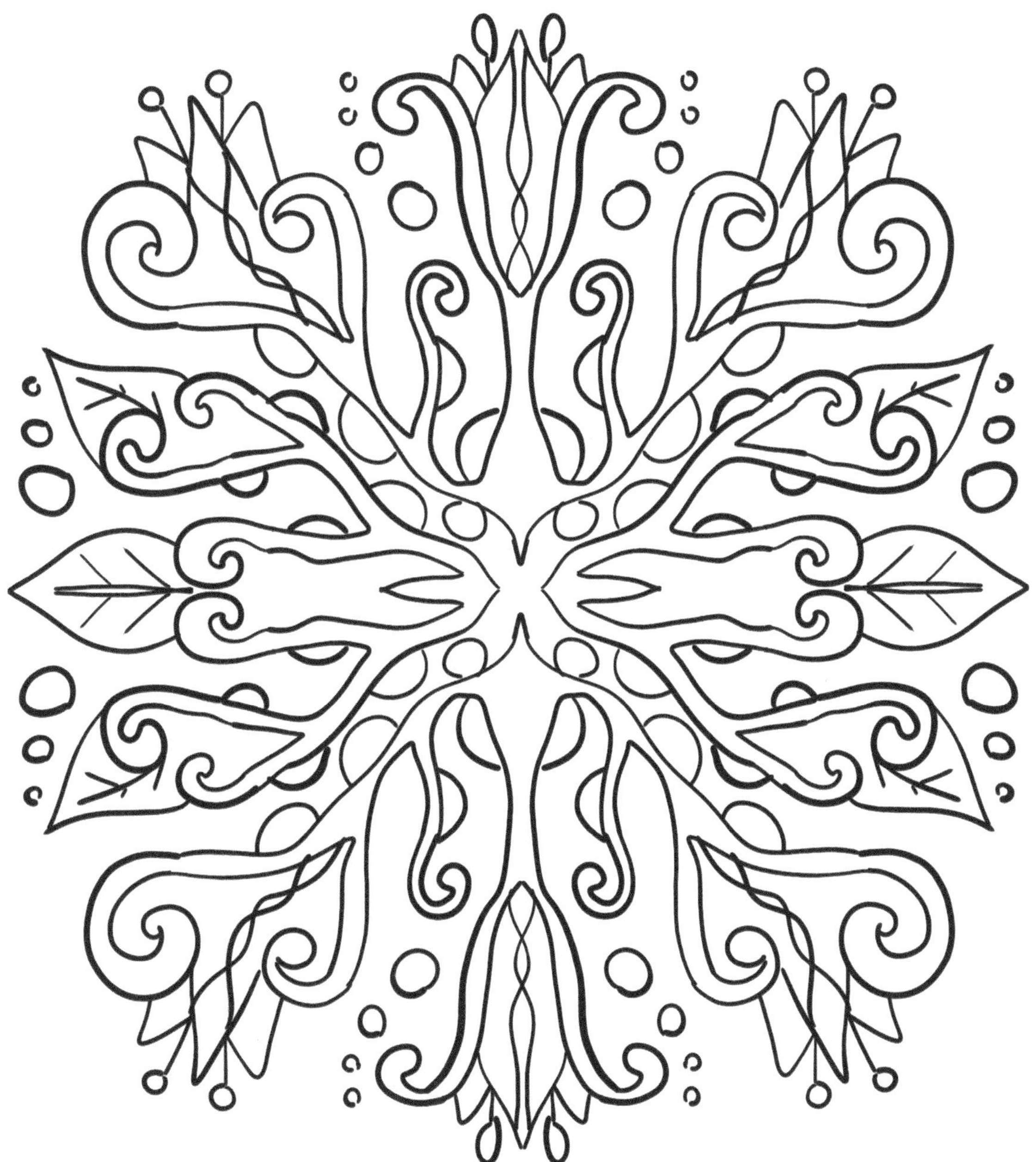

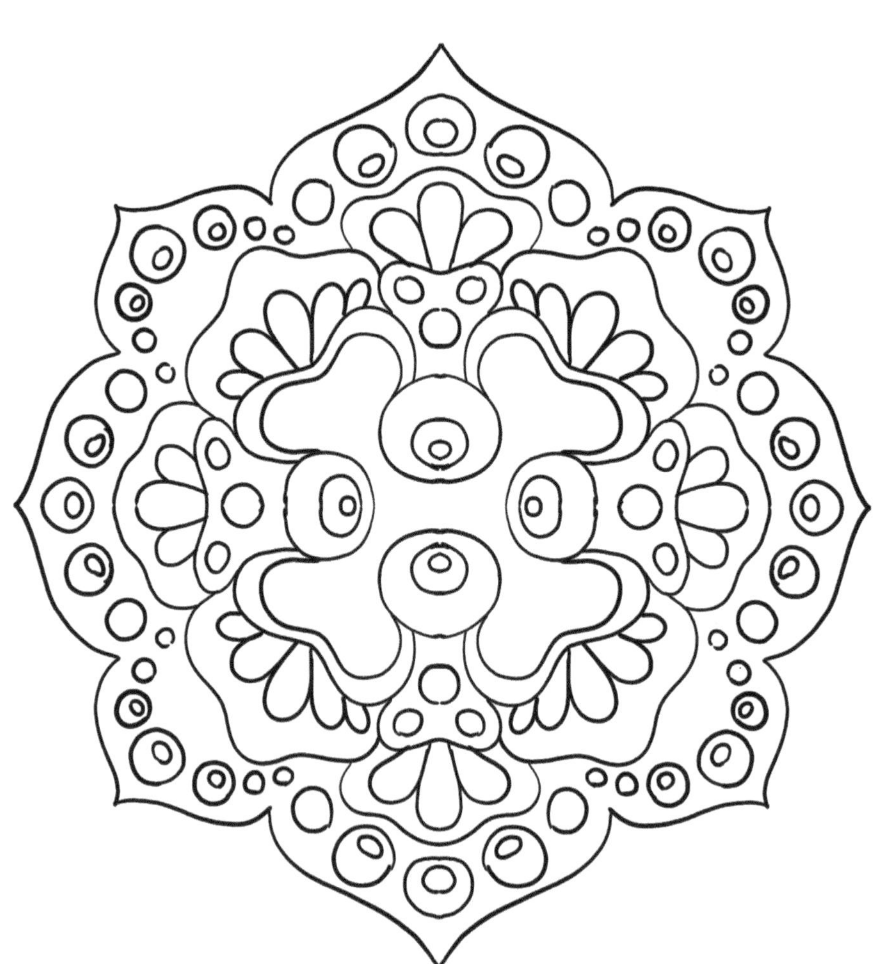

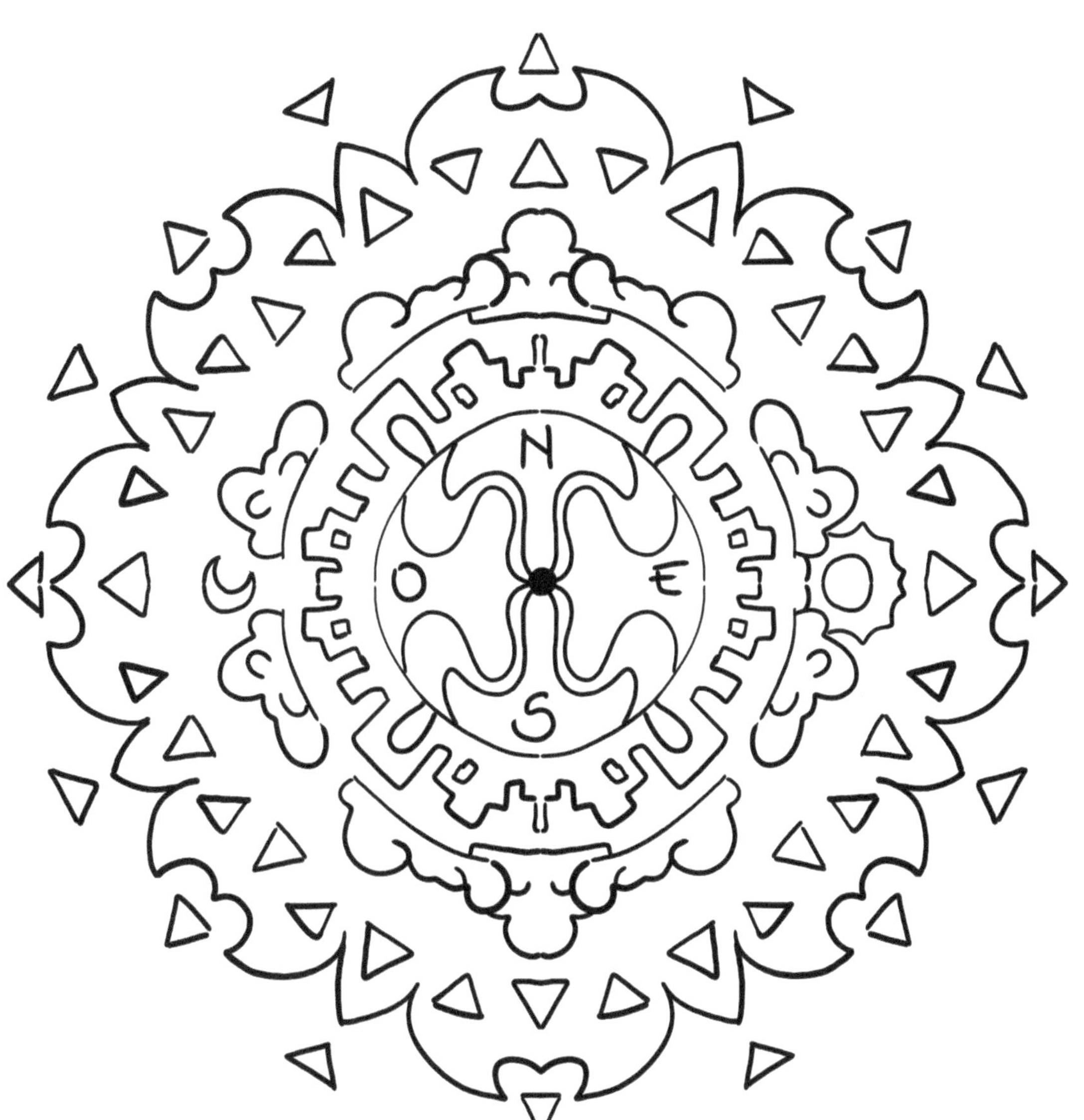
N
O
E
S

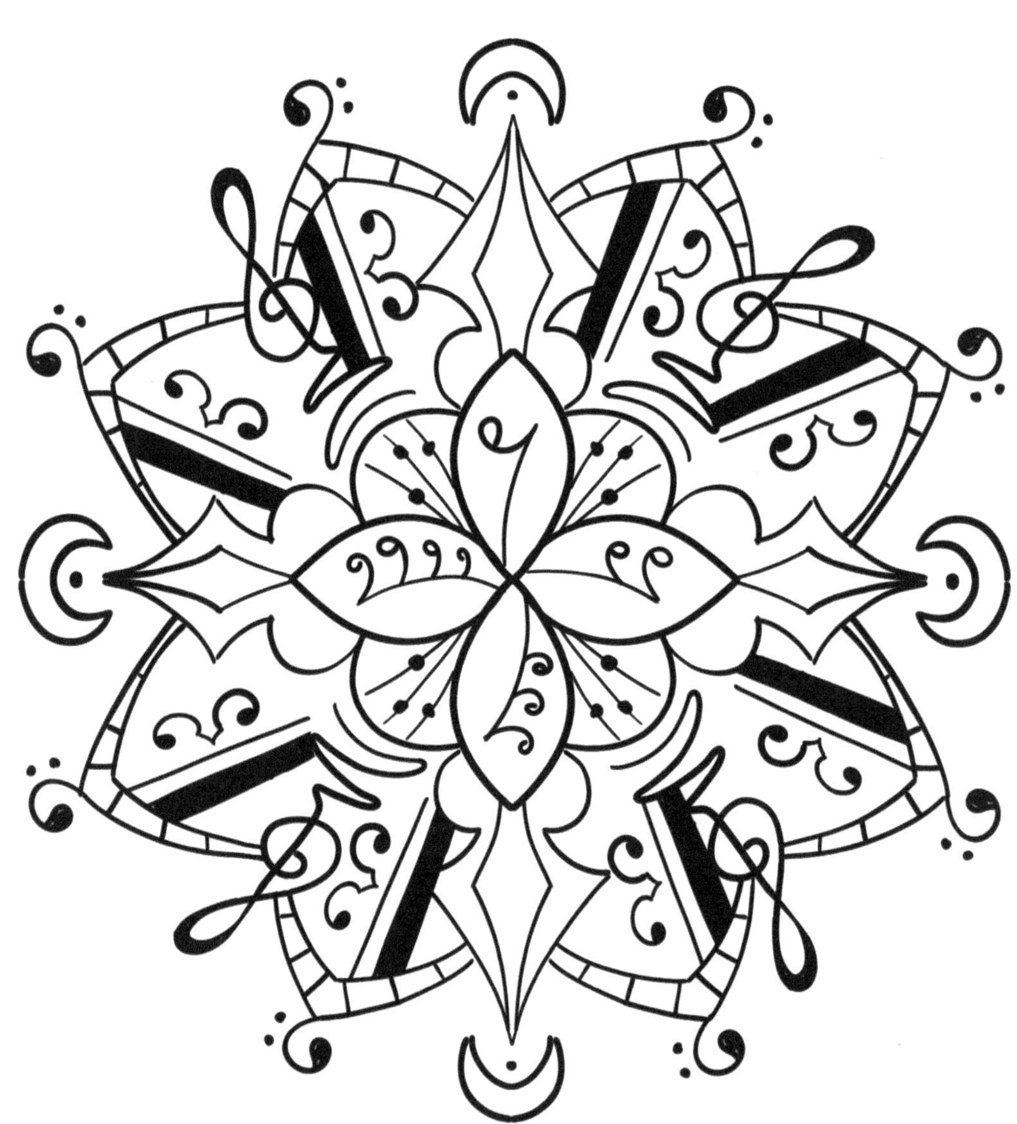

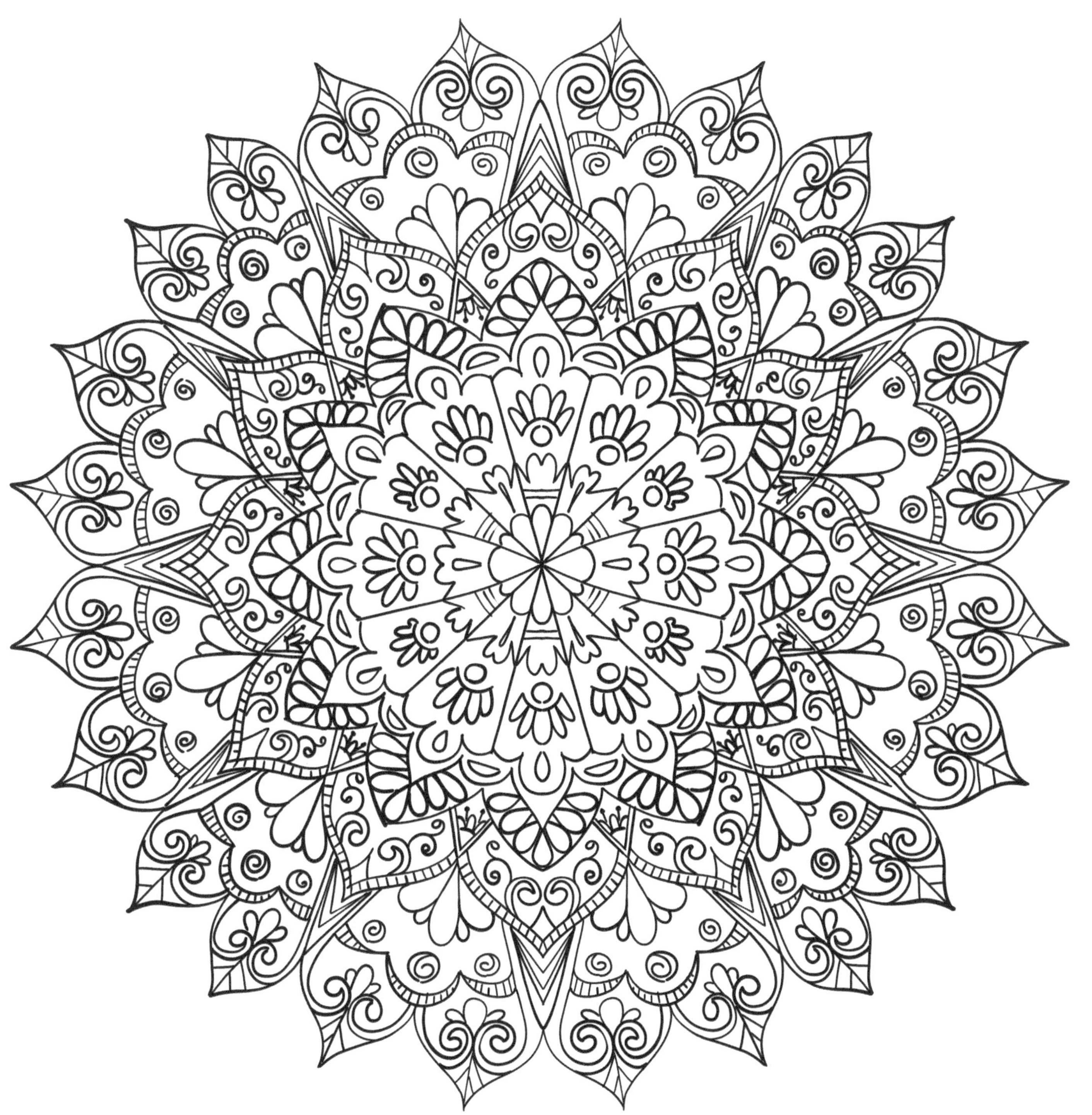

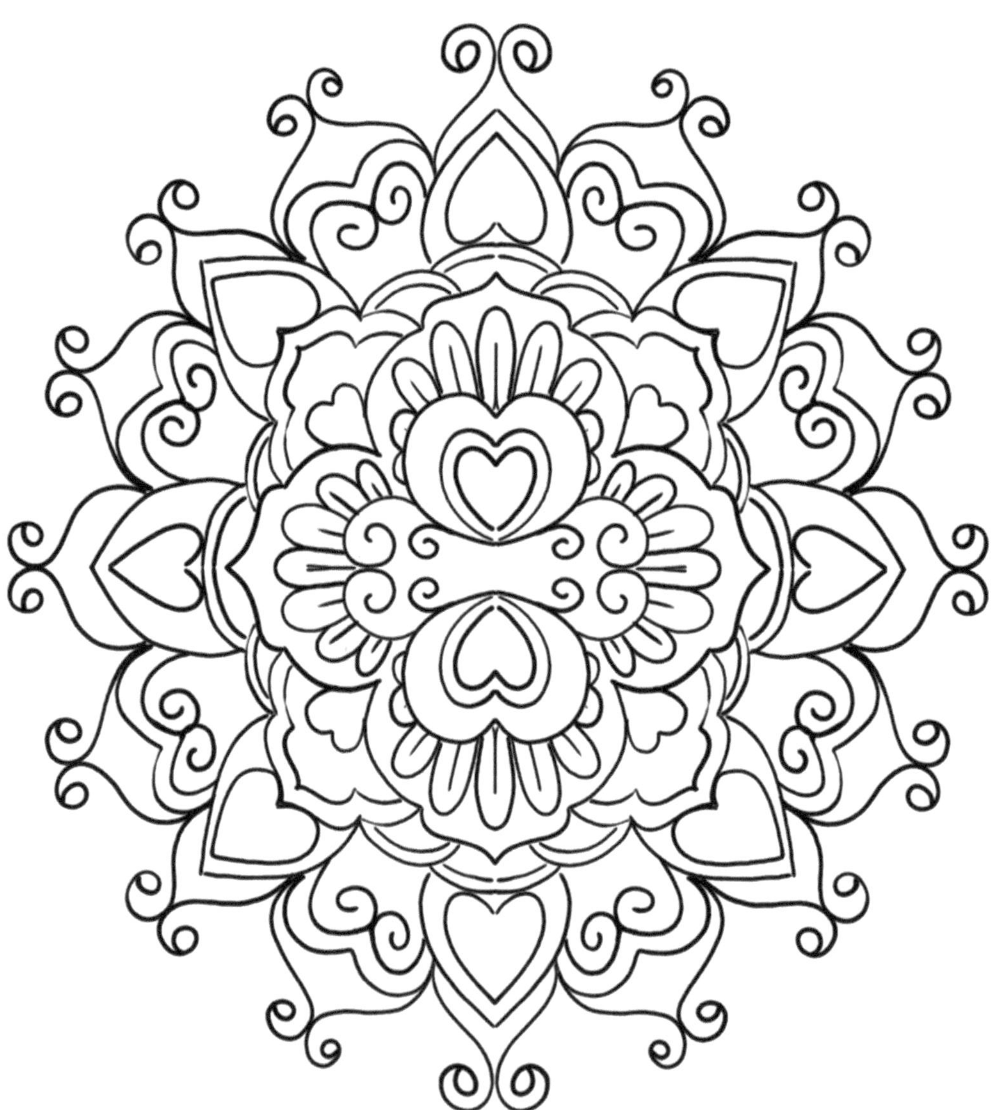

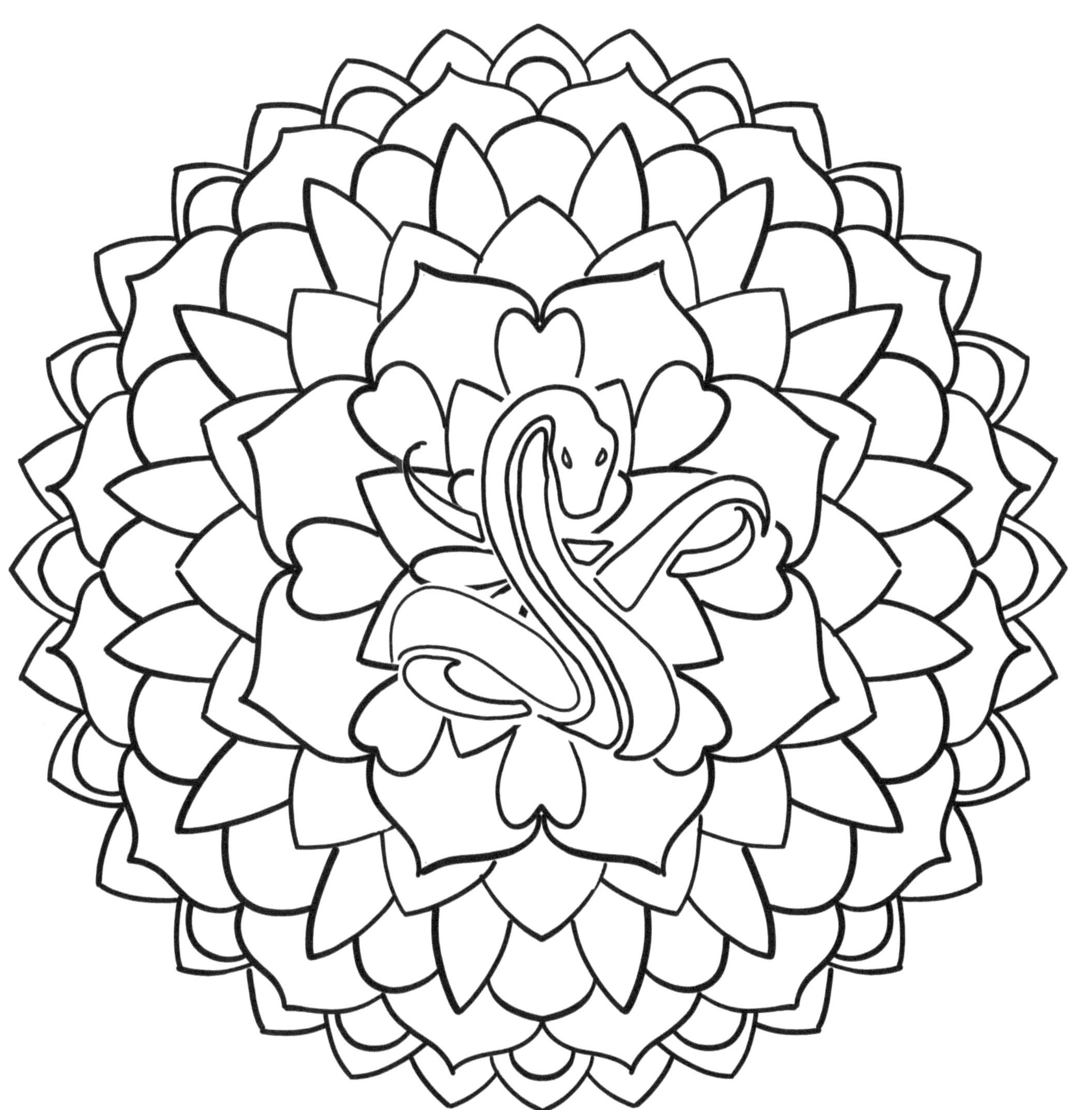

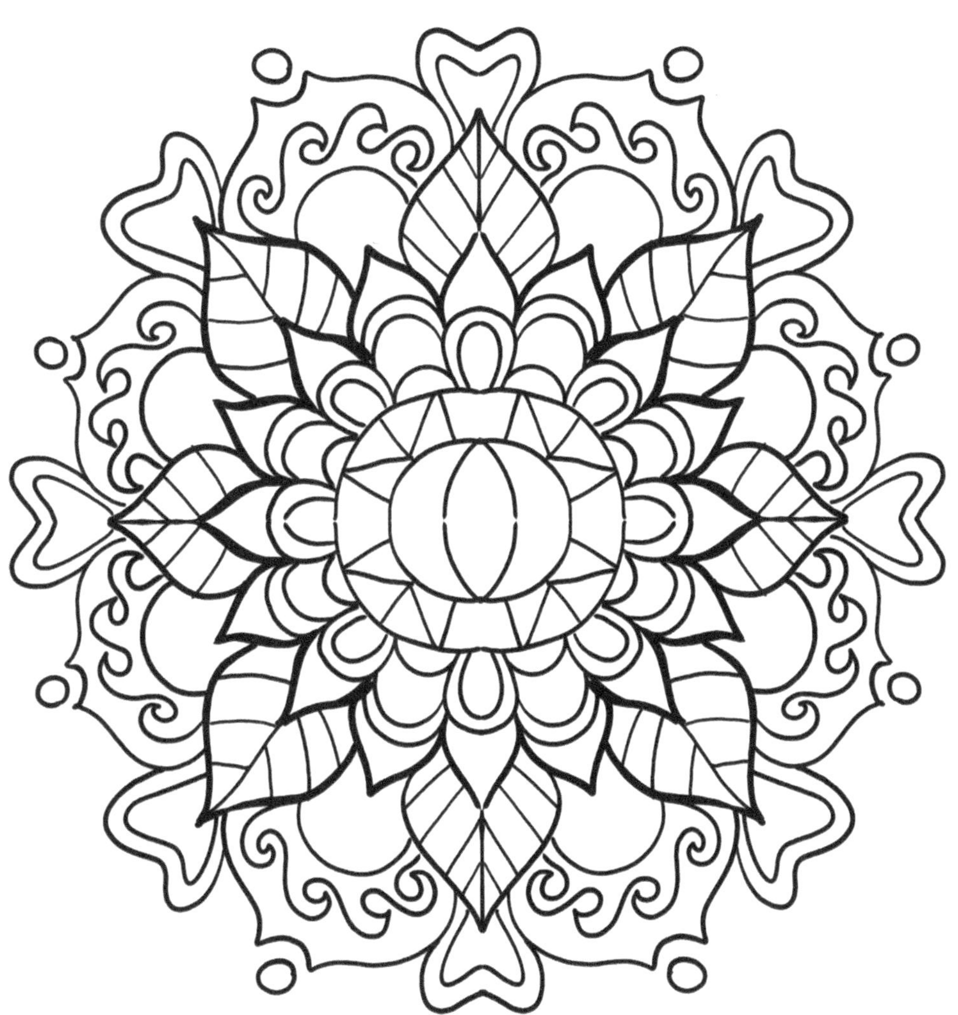

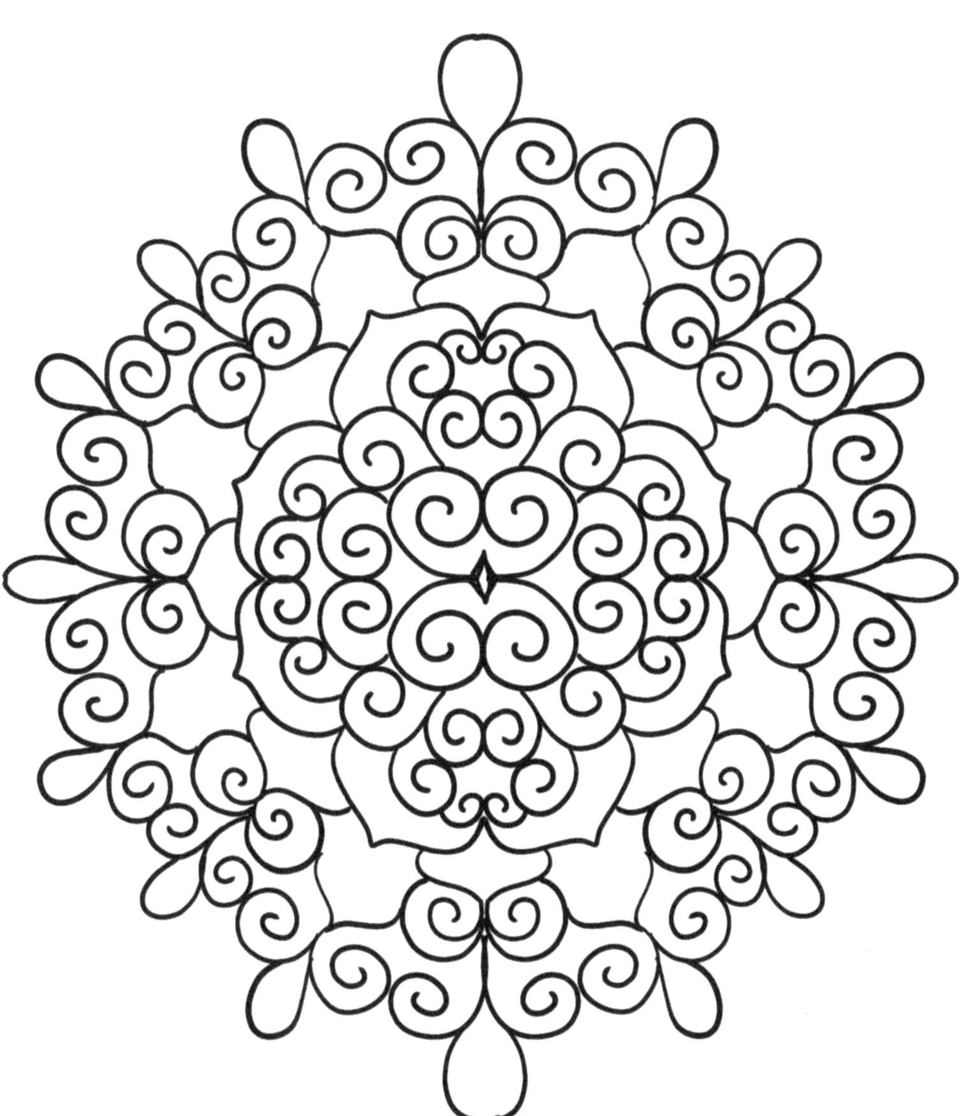

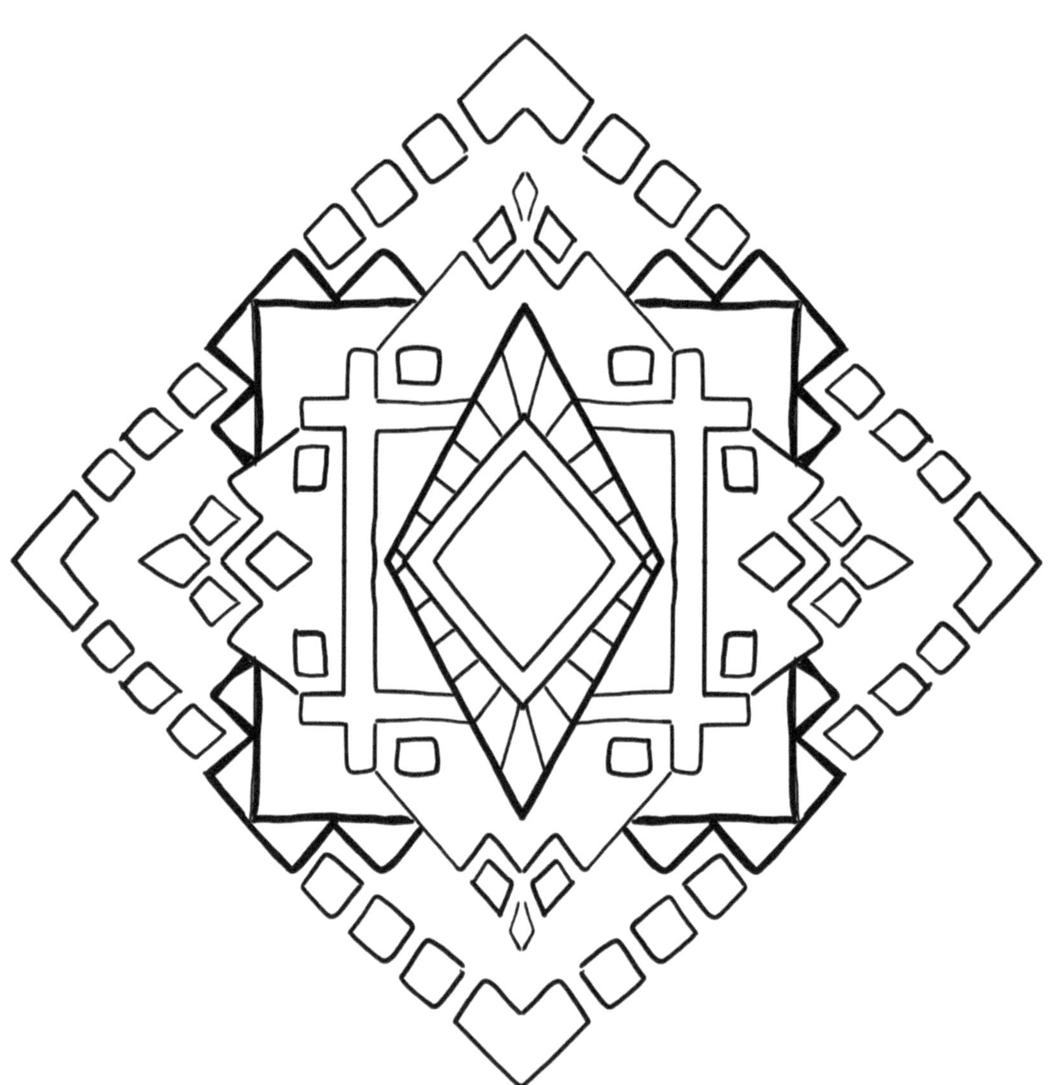

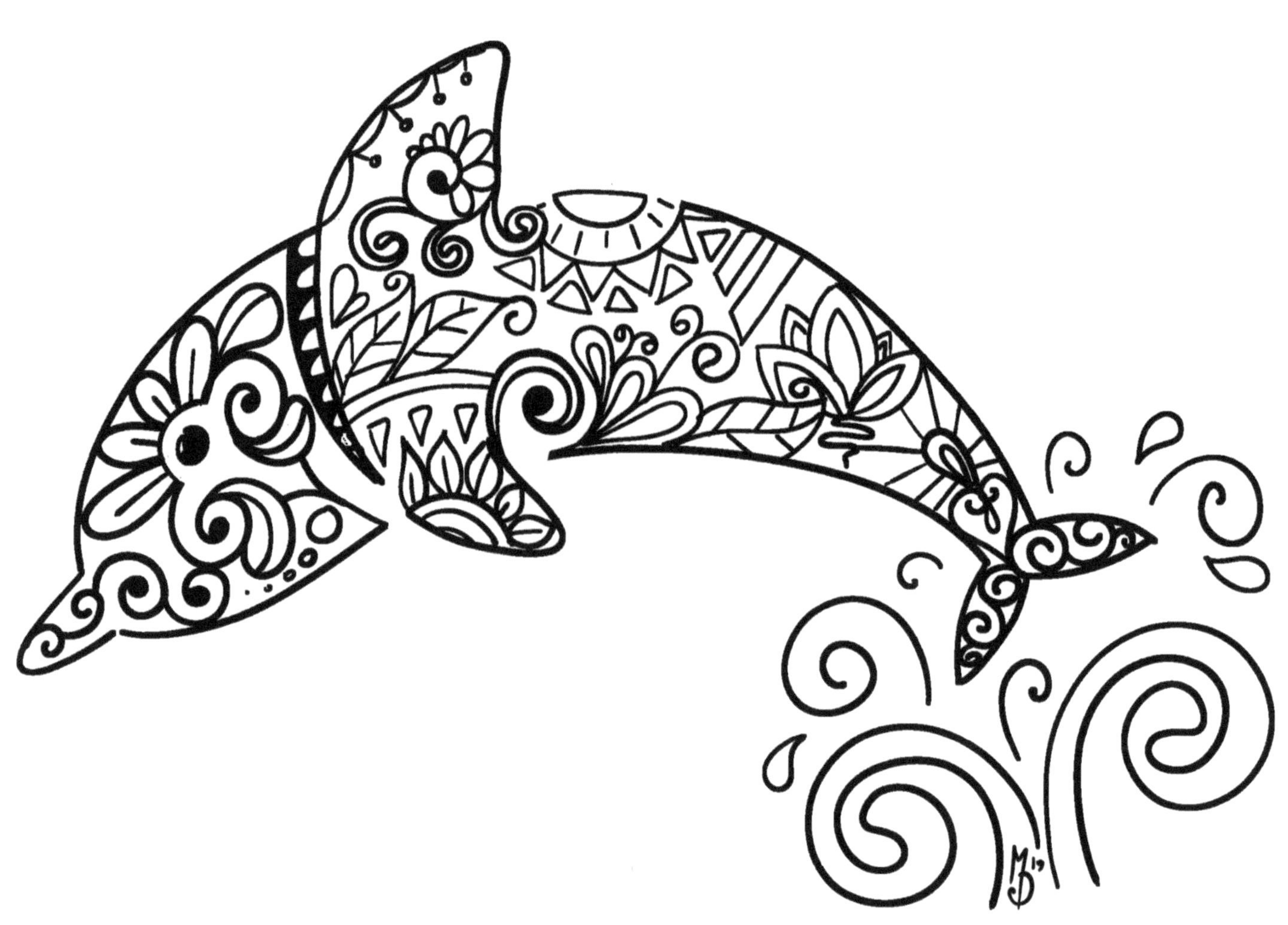

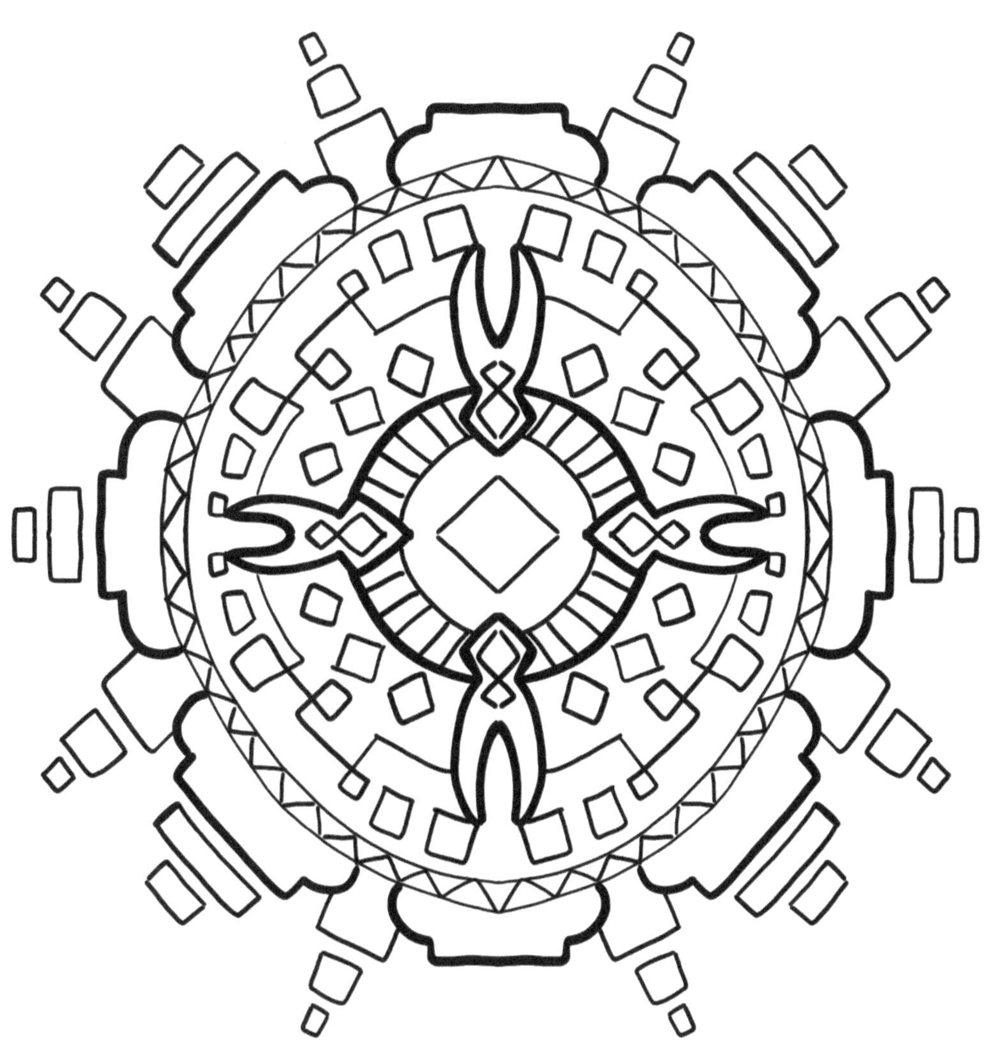

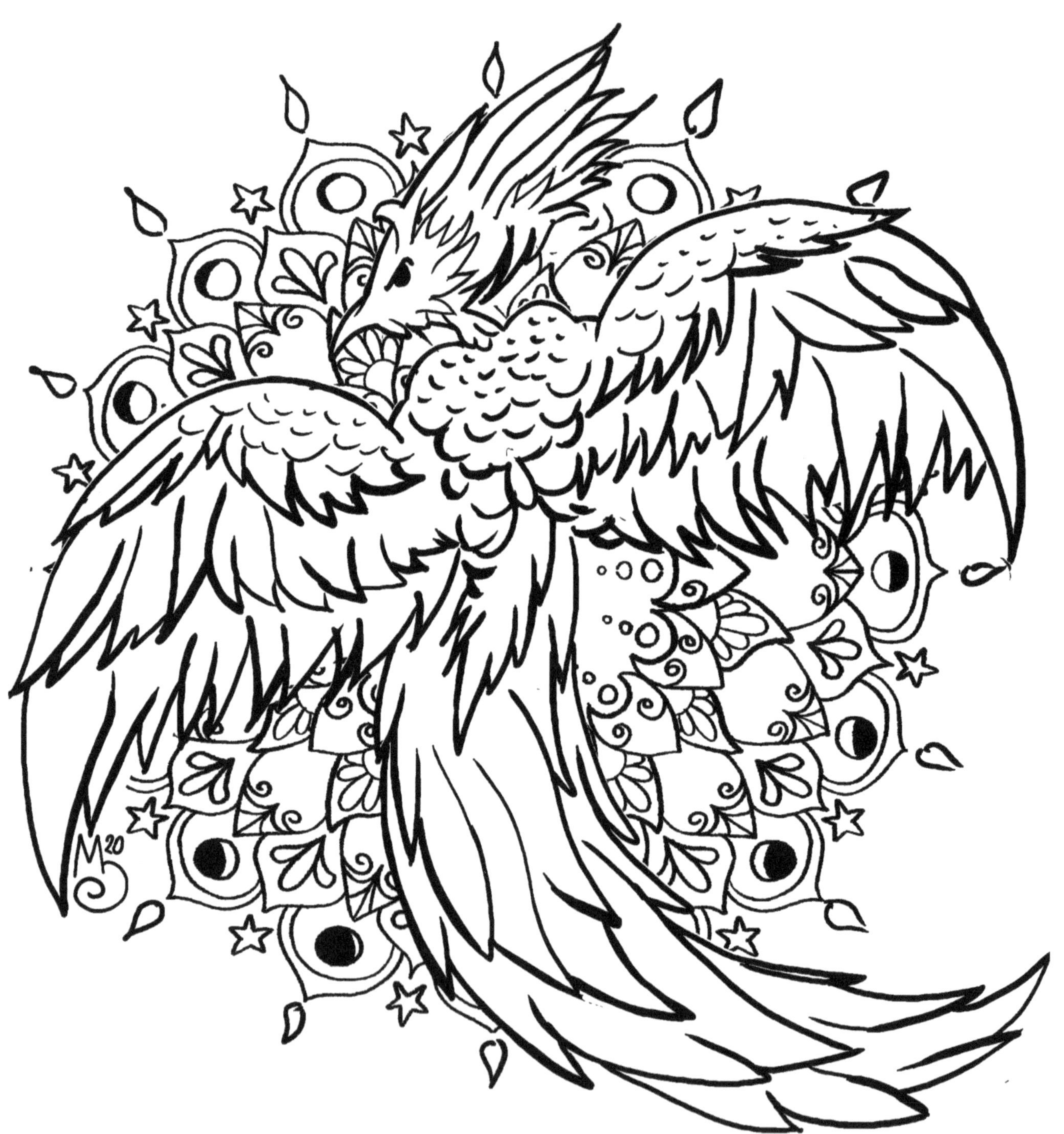

100 Mandala da colorare - disegnati a mano

100 Mandalas Hand-drawn Coloring Book

marika.dalloco@gmail.com
facebook.com/secretsdeperenelle

ISBN 978-1-6780-9750-9